La CIENCIA del VOTO

CÓMO SE CONSTRUYE
EL PODER DESDE LA EMOCIÓN

ANDRÉS *Elías*

La ciencia del voto
Cómo se construye el poder desde la emoción
de Andrés Elías

ISBN-13: 979-8-90196-103-2

Esta obra se terminó de editar en marzo de 2026.
Edición: Galaxialiteraria.com

ACLARACIÓN EDITORIAL:
Algunos casos y escenas presentados en este libro
han sido reconstruidos, dramatizados o parcialmente
ficcionados con fines narrativos y pedagógicos. En
todos los casos se han modificado nombres, lugares,
fechas y rasgos identificables para proteger la identidad
y la confidencialidad de clientes y terceros. Cualquier
coincidencia con personas o situaciones reales es
meramente accidental.

DEDICATORIA

A Mauro, Julián y Luciana. Mis tres razones más importantes para construir algo que dure más que yo. Todo lo que hago, lo hago para que un día entiendan que su padre apostó por sus sueños con la misma intensidad con que los ama.

A mi familia. Por ser el suelo firme desde donde me atrevo a volar. Sin raíces, no hay altura.

A Dios. Por ponerme exactamente donde necesitaba estar, con exactamente las personas correctas, en exactamente el momento justo. La evidencia de su plan está en cada página de este libro.

A mis maestros y ancestros. A quienes sembraron sin ver la cosecha. Este libro es la prueba de que sus palabras no cayeron en tierra estéril.

A mis hijos espirituales. A los que eligieron caminar cerca de mi fuego para encender el suyo. No los formé para que me siguieran, sino para que me superaran.

A mis hijos intelectuales. A cada candidato, cada equipo, cada campaña que se convirtió en laboratorio vivo de estas ideas. Ustedes son la metodología hecha carne.

A mis coaches y mentores. A los que tuvieron la valentía de decirme verdades que no quería escuchar. El mejor regalo que puede hacerse a alguien es no mentirle sobre quién puede llegar a ser.

Este libro no es mío. Es el resultado acumulado de todo lo que recibí. Solo puse el orden.

—Andrés Elías

Escribir un libro sobre política es fácil. Escribir uno honesto, es otra cosa.

Este no habría sido posible sin las personas que, de una u otra forma, pusieron algo de sí mismas en estas páginas.

A mis clientes y candidatos. A los 157 que confiaron en mí su nombre, su sueño y, en muchos casos, su vida pública entera. Cada victoria me enseñó humildad. Cada derrota me enseñó más. Este libro está construido con los escombros y los trofeos de todas esas batallas compartidas.

A los equipos de campaña. A los que trabajaron sin dormir, sin reconocimiento y sin certeza. A los que creyeron cuando las encuestas decían que no había razón para creer. Ustedes son los verdaderos científicos del voto.

A mis colaboradores en DATAMETRIX, FACU, Ciencia y Poder. Por convertir ideas desordenadas en sistemas funcionales. Por hacer que lo que existe solo en mi cabeza se convierta en algo que el mundo puede usar.

A la comunidad de Canvas Ad School y del pódcast Poder. A los miles de estrategas, consultores y comunicadores que escuchan, preguntan y cuestionan. Ustedes me obligan a ser más riguroso. Este libro también es una respuesta a sus preguntas.

A los académicos, investigadores y pensadores que antes que yo intentaron descifrar por qué la gente vota como vota. Me apoyé en sus hombros aunque no siempre estuve de acuerdo con sus conclusiones.

A quienes me dijeron que no. A los que cerraron puertas, dudaron de la metodología o descartaron las ideas antes de verlas funcionar. Su escepticismo fue el mejor combustible.

A mi familia. A mi pareja, por soportar con gracia los viajes, las noches de análisis y las conversaciones que siempre terminan en política. A Mauro y a Julián, que aún no pueden leer esto pero que son la razón por la que quise escribirlo.

A Dios. Por la claridad en los momentos de confusión y por la confusión en los momentos de soberbia. Ambas, en su momento, fueron exactamente lo que necesitaba.

Hay una idea central que atraviesa todo este libro: el voto no es un misterio, es un patrón. Aprender a leerlo fue el trabajo de toda una vida. Escribirlo fue el intento de que esa vida no se desperdiciara solo en mí.

Gracias por leer.

—Andrés Elías

ÍNDICE

Dedicatoria 3

Agradecimientos...5

Introducción...9

Capítulo 1. La mente del votante......................11

Capítulo 2. La disonancia cognitiva..................23

Capítulo 3. El sesgo invisible............................33

Capítulo 4. La guerra de las percepciones 43

Capítulo 5. El algoritmo del voto 53

Capítulo 6. La narrativa que vota 63

Capítulo 7. La arquitectura del voto 73

Capítulo 8. La ciencia y la intuición.................83

Capítulo 9. La emoción del poder 91

Epílogo 99

Bibliografía 103

He visto candidatos con el mejor plan perder contra una sonrisa. He visto multitudes decidir su voto antes del primer debate. Y después de dirigir más de cien campañas en doce países, llegué a una conclusión que tardé años en admitir: las elecciones no se ganan con ideas. Se ganan con emociones.

Cada papeleta que entra en la urna tiene una historia que no empieza el día de la votación. Nace mucho antes: en los recuerdos, los miedos y las ilusiones del votante. En la conversación de la sobremesa que alguien evitó para no pelear. En el audio que circuló en un grupo de WhatsApp a las once de la noche. En el mitin donde alguien que nunca había ido a un acto político se descubrió cantando junto a desconocidos. Votar es un acto visceral disfrazado de razonamiento. Es una forma de buscar seguridad, reconocimiento o pertenencia en medio del ruido.

Durante décadas, los estrategas creímos que las campañas giraban en torno a la mejor propuesta. La historia y la ciencia demostraron lo contrario. Las ideas solo prenden cuando tocan una fibra emocional. Un discurso brillante se desvanece si no emociona. Una promesa ambiciosa se vuelve humo si no genera confianza. El poder no se construye con datos, se construye con la capacidad de leer lo que el electorado siente antes de que lo diga.

Este libro nace de esa certeza. La Ciencia del Voto no es un manual para convencer sino un mapa para comprender. No enseña a manipular personas, enseña a entenderlas. Porque solo cuando sabes qué mueve a alguien puedes hablarle en su propio idioma. Y el idioma del votante no es el de las propuestas: es el de las emociones que las propuestas activan o no activan.

Las páginas que siguen exploran ese territorio desde adentro: la biología de la decisión, los sesgos que distorsionan la percepción, la guerra de percepciones que libra el adversario mientras tú diseñas mensajes, el algoritmo que amplifica o entierra lo que construiste, la narrativa que convierte malestar difuso en identidad política, la intuición que el dato no puede reemplazar. Cada capítulo viene de campo: de campañas reales, de errores documentados, de los momentos donde algo funcionó por razones que ningún instrumento había anticipado.

El estratega moderno necesita más que teoría o creatividad. Necesita empatía. Necesita aprender a leer lo que la gente siente antes de intentar convencerla. Porque los países no se mueven por consignas, se mueven por estados de ánimo. Y en tiempos de hiperconexión, ganar una elección no depende de quién grita más fuerte sino de quién escucha mejor.

Al final, este libro es una invitación a mirar la política como se mira cualquier fenómeno humano: con curiosidad, con rigor y sin la ilusión de que la razón es lo que decide. Porque si entendemos cómo late la mente del votante, se vuelve evidente que el poder no se disputa en el terreno de los argumentos. Se disputa en el campo donde viven las emociones que es, también, donde vive todo lo que importa.

—Andrés Elías

Capítulo 1.
La mente del votante

«La victoria no es del argumento más racional, sino del que logra apaciguar el sistema nervioso del votante.»

Ecuador, 2024. Una ciudad costera del Pacífico elegía alcalde, y yo estaba ahí, en esa sala abarrotada donde el aire pesa antes de que empiece el debate. Dos contendientes: uno con el mejor plan de los últimos años, un documento de 47 puntos para reactivar el turismo y la economía local, elaborado con rigor y presentado con convicción; el otro, con menos estructura programática pero con una sonrisa que proyectaba algo difícil de nombrar pero imposible de ignorar. Momentos antes de que comenzara la transmisión, la cámara captó un detalle que yo sí noté: el segundo candidato se acercó al técnico de sonido, le agradeció el ajuste del micrófono, y le preguntó por su hija, a quien había conocido en el ensayo de la tarde. La sonrisa del técnico fue instantánea. El público que lo vio en el monitor se distendió, aún sin saber exactamente por qué.

Cinco días después, en una elección cerrada, el candidato del plan fue derrotado por 4.2 puntos porcentuales. No por carencia de ideas —tenía las mejores de los dos— sino porque un simple gesto de memoria humana disipó en tres segundos, la ansiedad que semanas de propuestas no habían logrado resolver. Esa noche, de regreso en el hotel, anoté en mi libreta lo que llevo años confirmando en distintos países y con distintos candidatos: en política, no gana el argumento más sólido. Gana el que logra apaciguar el sistema nervioso del votante.

Lo que sigue en este capítulo es mi intento de explicar por qué eso es así, y por qué entenderlo no es una concesión al cinismo sino, al contrario, la única forma honesta de hacer consultoría política.

El cerebro que no delibera

Durante siglos, la democracia se construyó sobre una premisa que la psicología del siglo XX fue desmontando con incomodidad creciente: la idea del ciudadano racional, ese ser capaz de sopesar opciones, calcular consecuencias y elegir con frialdad ilustrada. La Ilustración nos dejó esa imagen como herencia —útil para los manifiestos, inútil para las campañas—, y a muchos políticos todavía los veo operar desde esa premisa, construyendo plataformas de 47 puntos para un electorado que vota con la amígdala.

Sin emoción no hay decisión. Lo sé porque lo he visto en campaña, pero lo sabe también la neurociencia desde que Damasio estudió a pacientes que habían perdido la capacidad de sentir —no de pensar, de sentir— y descubrió que eran incapaces de elegir entre dos opciones triviales. Perfectamente racionales. Completamente paralizados. La razón sin el combustible del afecto no lleva a ningún lado: es un motor encendido sin gasolina.

En política, eso se traduce en algo que he comprobado en campañas de México a Paraguay, de Ecuador a la República Dominicana: el votante no escoge al «más capaz». Escoge al que alivia su incertidumbre. La diferencia entre esas dos frases es la diferencia entre perder y ganar.

* * *

Daniel Kahneman, el psicólogo israelí que ganó el Nobel de Economía sin haber estudiado economía, lo cual ya dice algo sobre cómo funciona la mente, describió la arquitectura de nuestra toma de decisiones con una imagen que se me quedó pegada desde la primera vez que la leí: la mente es como un sistema con dos conductores. El sistema 1 es el que maneja: rápido, instintivo, emocional, tomando decisiones antes de que tengamos conciencia de haberlas tomado. El sistema 2 es el pasajero: lento, reflexivo, racional, cuya función principal consiste en justificar, *a posteriori*, lo que el sistema 1 ya decidió. El primero actúa, el segundo se inventa las razones.

¿Por qué importa esto para quien diseña una campaña? Porque la mayoría de los estrategas —y lo digo incluyéndome en mis primeros años— trabajan para el sistema 2. Preparan argumentos, construyen plataformas, diseñan debates. Y todo eso llega tarde, porque el voto ya fue emitido en silencio, en décimas de segundo, en el momento en que el candidato apareció en pantalla y el sistema 1 del votante procesó su tono de voz, su postura, la velocidad de su sonrisa. Arthur Schopenhauer, que escribió sobre esto un siglo antes de que Kahneman tuviera nombre científico para explicarlo, y lo resumió con una precisión que todavía me parece asombrosa: la voluntad se disfraza de razón. Votamos y luego decimos «voté por sus ideas».

He visto esto suceder en tiempo real en una campaña en Honduras. El candidato tenía todos los argumentos del mundo. Su oponente tenía carisma y un jingle que nadie podía dejar de tararear. Adivinen quién ganó.

El elefante que manda

Jonathan Haidt, el psicólogo moral que estudia por qué la gente buena hace cosas que parecen malas, tiene una metáfora que me parece la más honesta que he leído sobre cómo funciona nuestra moralidad y, por extensión, nuestra política: imagina un elefante con un jinete encima. El elefante es nuestra emoción: enorme, poderosa, quien realmente manda. El jinete es nuestra razón: cree que está guiando, pero en realidad solo puede sugerir, y cuando el elefante ya decidió hacia dónde ir, el jinete se dedica a construir la narrativa de que esa era la dirección correcta desde el principio.

La Ilustración nos vendió al jinete como el protagonista. La consultoría política moderna trabaja, si entiende su oficio, con el elefante.

Gustave Le Bon, que escribió a finales del siglo XIX sobre el comportamiento de las masas, advirtió que la multitud no razona: siente, imagina y contagia. Lo decía con algo de alarma, como si fuera una patología de la democracia. Yo lo leo de otra manera: lo que Le Bon describió no es una aberración, es la condición normal de los seres humanos cuando tomamos decisiones colectivas. Somos animales tribales que evolucionamos en grupos pequeños donde la pertenencia significaba supervivencia y el rechazo significaba muerte. Ese instinto no desapareció con la Revolución Francesa ni con el sufragio universal. Sobrevivió, intacto, en el cuerpo del votante contemporáneo que cree estar eligiendo con criterio y en realidad está buscando, con urgencia biológica, el grupo que promete no dejarlo afuera.

El voto, en ese sentido, deja de ser un acto individual para convertirse en una coreografía de sincronía emocional. La democracia, más que deliberación, es un ritual de pertenencia. Los símbolos pesan más que las ideas: la bandera, el himno, la consigna, el color del partido que es ese código cromático que en América Latina llevamos tatuado en la identidad, son anclas de identidad, no de programa.

No se vota un plan técnico. Se vota un refugio emocional. Y el estratega que no entiende eso pasa cuatro años preparando el plan y cuatro horas preguntándose por qué perdió.

El cerebro, que consume el 20% de la energía del cuerpo siendo apenas el 2% de su masa, es un ahorrativo crónico. Para no gastar energía en cada decisión, construyó atajos que los psicólogos llaman sesgos cognitivos, los cuales simplifican la realidad a costa de distorsionarla. En condiciones normales eso es razonablemente funcional. En una campaña electoral, estos atajos son el campo de batalla más importante, y en mi experiencia pocos estrategas los trabajan con la seriedad que merecen.

El sesgo de confirmación es el más viejo y el más resistente. Buscamos información que refuerce lo que ya creemos, y evitamos activamente lo que nos contradice, no por terquedad sino por autoprotección emocional. El cerebro percibe la disonancia cognitiva como una amenaza, y reacciona ante ella de la misma manera que reacciona ante el peligro físico. Eso explica por qué los debates presidenciales, que en teoría deberían cambiar opiniones, en la práctica casi nunca lo hacen: cada simpatizante ve exactamente lo que vino a ver. El que apoya al candidato A salió convencido de que ganó A. El que apoya a B, igual. Los indecisos son la excepción, y sobre ellos sí importa trabajar la narrativa. Pero el estratega que diseña su campaña para convencer al votante del rival está perdiendo el tiempo y el presupuesto.

El sesgo de disponibilidad opera de otra manera, más sutil y más peligrosa para quien no lo detecta: el cerebro evalúa la probabilidad de algo según la facilidad con que puede recordarlo, no según lo que indican los datos. Lo reciente parece más probable. Lo emocional deja más huella que lo estadístico. Cuando Spielberg estrenó Tiburón en 1975, los ataques de tiburón a humanos en Estados Unidos eran estadísticamente insignificantes —menos de una docena al año en todo el mundo—, pero el verano siguiente las playas se vaciaron y el miedo al mar se instaló en una generación entera que nunca había visto un tiburón fuera de la pantalla. No porque hubiera más tiburones: porque había una imagen más fácil de recordar.

En política el mecanismo es idéntico y las consecuencias son igual de desproporcionadas: una sola noticia impactante como un video de violencia, un escándalo filtrado a 72 horas de la elección, puede pesar más en la percepción pública que cien informes de gestión. He visto campañas ganadas por ese margen, no por la solidez de los cuatro años de gobierno sino por la última imagen que el votante lleva en la retina el día que entra a la casilla. El problema no es que la gente sea ignorante. Es que el cerebro, sencillamente, no archiva estadísticas: archiva escenas.

El sesgo de anclaje es quizás el más explotado en la comunicación política, aunque con frecuencia de manera inconsciente. La primera etiqueta define el marco de todo lo que viene después: si los medios instalan a alguien como «el favorito» al inicio de la carrera, ese anclaje persiste incluso cuando las encuestas se equilibran. Si la narrativa de apertura es «el corrupto», cada acción posterior del candidato ya sea buena o mala, se interpretará a través de ese lente. Por eso los primeros días de una campaña son estratégicamente desproporcionados: no se recupera fácilmente de empezar con el pie izquierdo cuando el sesgo de anclaje ya fijó el marco.

Y el efecto halo, que Thorndike describió hace un siglo y que sigue funcionando con la misma eficiencia, en el que tendemos a suponer que un rasgo positivo arrastra consigo una cascada de otros. La amabilidad sugiere competencia. El atractivo sugiere honestidad. La seguridad proyecta inteligencia. Eso es lo que explica el fenómeno Samuel García, el gobernador de Nuevo León que usa tenis de diseño en los eventos oficiales y tiene un porcentaje de aprobación que no se corresponde con ningún indicador objetivo de gestión: el halo funciona, y no hay argumento racional que lo disuelva desde afuera.

Tengo la sensación de que si los estrategas políticos estudiaran estos cuatro sesgos con la misma dedicación con que estudian las encuestas, habría menos campañas perdidas por razones que en retrospectiva parecen obvias.

El supermercado emocional

Edward Bernays, sobrino de Freud y padre de la propaganda moderna, entendió antes que nadie algo que la consultoría política tardó décadas en sistematizar: la comunicación política no informa. Organiza impulsos. Su trabajo con empresas de tabaco en el que convencía a las mujeres de fumar en los años veinte presentando los cigarrillos como «antorchas de la libertad», es un caso de estudio en cómo las emociones se pueden asociar a productos que de otra manera nadie elegiría. En política el mecanismo es idéntico, aunque el producto sea un candidato y la venta sea un voto.

Por ejemplo, la palabra «gratis» altera completamente la lógica económica, y Ariely lo documentó con la precisión de quien no puede creer lo que está viendo porque el cerebro la procesa no como información sino como estímulo emocional, y ese estímulo anula la reflexión crítica antes de que esta tenga oportunidad de opinar. En política ocurre lo mismo con palabras como «cambio», «futuro», «orden» o «esperanza»: son estímulos sensoriales más que ideas programáticas, etiquetas emocionales que liberan dopamina antes de que nadie haya entendido su contenido real. Eso es lo que explica que un candidato pueda ganar prometiendo «cambio» sin especificar qué cambió ni hacia dónde, y que eso no le reste un solo voto entre sus simpatizantes.

La democracia contemporánea, me guste o no decirlo, funciona como un supermercado emocional: el votante recorre los pasillos buscando el relato que mejor se ajuste a su estado de ánimo, y en esa dinámica la marca más poderosa no es la que promete más beneficios sino la que reduce más la ansiedad. Recuerdo una campaña en Colombia donde el candidato con el programa más sólido perdió contra uno que básicamente prometía tranquilidad: no prosperidad, no cambio, simplemente tranquilidad; y cuyo jingle de treinta segundos era la única propuesta concreta que el electorado podía repetir de memoria. El equipo perdedor me llamó después para entender qué había pasado. Lo que había pasado era que estaban diseñando argumentos para un público que estaba comprando alivio.

La tribu en la pantalla

Los estados emocionales se propagan en red como un virus, y eso no es una metáfora: está documentado con la misma precisión con que se documentan las epidemias. Una sonrisa viral puede recorrer miles de kilómetros. Un enojo bien distribuido puede alterar el equilibrio político de un país en 48 horas. Eso no es retórica: es lo que vimos en las primaveras árabes, en el Brexit, en la elección de Trump, en el ascenso de Milei. En todos esos casos hubo una emoción dominante como indignación, miedo, sensación de humillación colectiva, que encontró en las redes su mecanismo de amplificación y en el candidato correcto su punto focal.

Lo que me parece fascinante, y también un poco perturbador si uno se detiene a pensarlo, es que el votante en ese sistema no está buscando información. Está buscando sincronía emocional. Las redes son espejos donde vamos a ver reflejado lo que ya sentimos, no ventanas para asomarnos a lo que piensa el otro. Un retuit es una forma de afirmación tribal, no de debate racional. Y el político que confunde esas dos cosas —que cree que está ganando el argumento cuando en realidad está siendo amplificado porque su indignación resuena con la indignación de su base— tarde o temprano se encuentra hablando solo en un ecosistema que ya no lo necesita.

Nassim Taleb tiene una idea que aplico permanentemente en mi trabajo: lo que realmente rompe los sistemas políticos, financieros o sociales, no es lo predecible sino lo improbable. El «cisne negro» que trastoca una narrativa en cuestión de horas casi siempre es detonado por un choque emocional, y la historia política tiene un caso que debería estar enmarcado en la pared de cualquier equipo de campaña: Edmund Muskie, senador de Maine, favorito demócrata para enfrentar a Nixon en 1972, hombre serio y capaz, destruido políticamente en cuestión de minutos por una lágrima. O lo que pareció una lágrima —hay quien dice que era nieve derretida en su mejilla— mientras defendía a su esposa de un artículo que la atacaba. No importó la versión real: el sistema 1 del electorado procesó esa imagen como debilidad, y ningún argumento posterior pudo reescribir ese instante. Muskie no perdió la primaria por sus ideas. La perdió porque un fotógrafo estuvo en el lugar correcto en el momento correcto y el cerebro colectivo hizo lo que siempre hace: decidió antes de pensar. Medio siglo después, en la era donde cualquier teléfono es una cámara y cualquier segundo puede volverse viral, esa lección se volvió exponencialmente más urgente. Una foto filtrada, un gesto desafortunado, diez segundos grabados sin que nadie se diera cuenta. Diseñar estrategia en ese ambiente es dirigir una orquesta invisible donde cualquier nota mal ejecutada puede arruinar el concierto completo, y donde el músico más peligroso es siempre el que nadie contrató.

El clic que no tiene reversa

Toda decisión política tiene un instante invisible: un momento preciso en que algo se decide antes de que la conciencia lo ratifique, y lo que sucede después de ese instante es, en términos estratégicos, de naturaleza completamente diferente a lo que sucedió antes. Leon Festinger, el psicólogo social que estudió durante décadas cómo la gente maneja la contradicción interna, llamó a esto disonancia cognitiva: la tensión que sentimos cuando nuestras creencias y nuestras acciones no coinciden, y la tendencia compulsiva a resolver esa tensión no cambiando la acción sino reinterpretando la creencia.

En política eso significa que el votante que ya sintió afinidad emocional por un candidato no lo defenderá cuando el candidato meta la pata: defenderá su propio relato emocional. No defiende al político; defiende la consistencia de su propia historia. Es por eso que los seguidores de un líder desacreditado continúan justificándolo ante cualquier evidencia. No son ignorantes, son personas que están protegiendo algo más valioso que la verdad objetiva: la coherencia de su identidad.

He aprendido a reconocer ese instante, aunque no siempre en el momento en que ocurre. En una campaña presidencial en Paraguay vi el clic suceder en vivo: el candidato, en un debate de hora y media donde había estado correcto y técnico y absolutamente invisible, se equivocó al pronunciar el nombre de un municipio del interior, lo notó, se rió de sí mismo con una naturalidad que nadie en su equipo había ensayado, y algo en la sala cambió de temperatura. No ganó esa noche el argumento mejor construido. Ganó ese segundo de humanidad no calculada. Tres semanas después, en el análisis post-elección, esa imagen seguía siendo la que los votantes indecisos recordaban cuando explicaban por qué habían decidido.

Lo que más me ha costado aprender —y lo digo con la incomodidad de quien tardó demasiado en verlo— es que cambiar la opinión de alguien que ya dio ese clic requiere mucho más que argumentos. Requiere darle a esa persona una narrativa con la que pueda moverse sin sentirse traicionada a sí misma. Nadie quiere sentirse equivocado, especialmente en público. El político hábil no le dice al votante que estaba equivocado: le ofrece la posibilidad de que evolucione, que aprenda, que elija de nuevo desde un lugar que se siente como crecimiento y no como derrota.

El estratega que lee antes de hablar

Maquiavelo, a quien citamos con demasiada superficialidad y leemos con demasiada poca atención, entendía que gobernar era, fundamentalmente, «ordenar los humores del pueblo». Lo escribió en el siglo XVI y todavía es la descripción más precisa que conozco del trabajo de un estratega político: no fabricar emociones sino detectarlas y darles cauce. Un país con miedo exige certezas, aunque sean ilusorias. Un país con orgullo herido busca reconocimiento, aunque sea simbólico. Un país con enojo demanda justicia visible, aunque sea teatral. Leer bien esa temperatura emocional antes de diseñar un solo mensaje, antes de aprobar un solo *spot,* es lo que distingue al estratega que gana del que sabe mucho y pierde igualmente.

Marco Aurelio escribió algo que llevo años aplicando sin haberlo teorizado antes de leerlo: «No puedes dominar el mundo, pero puedes dominar tus reacciones.» En la práctica del oficio significa que la primera gestión emocional que debe hacer un estratega es la propia. He visto campañas perdidas porque el equipo estratégico entró en pánico antes que el candidato, porque el consultor reaccionó al ruido en lugar de leer la señal, porque alguien confundió la urgencia con la claridad. La serenidad no es una virtud estoica decorativa: es la primera herramienta de trabajo.

Los mejores estrategas que he conocido en veinte años ejerciendo este oficio a lo largo de doce países, en quince presidencias, en cientos de campañas que van de lo municipal al Palacio Nacional, tienen algo en común que no aparece en ningún manual: observan más de lo que hablan. No crean la ola. La interpretan. Entienden que cada campaña, como el mar, tiene su propia corriente, y que navegar a contracorriente es la forma más eficiente de agotar el presupuesto.

La mente del votante no es un problema a resolver. Es un territorio a leer, con sus propias reglas, sus propios rituales, sus propios miedos y sus propios anhelos. El candidato que entiende eso no gana porque tiene el mejor plan. Gana porque logró, en algún momento de la campaña, que el electorado respirara con un poco menos de ansiedad. Y eso, en política, vale más que 47 puntos de programa.

«La política no se gana en el terreno de las ideas.
Se gana en el sistema nervioso colectivo.»

Capítulo 2.
La disonancia cognitiva

«El votante no siempre busca tener razón.
Busca no sentirse equivocado.»

En 1954, un periódico de Chicago publicó una nota que en otro momento habría pasado desapercibida: una ama de casa llamada Dorothy Martin afirmaba haber recibido mensajes de seres extraterrestres que le advertían que el mundo terminaría el 21 de diciembre. Lo notable no era la profecía —ese tipo de profecías circulaban con regularidad en la América de la posguerra— sino el grupo que se había formado alrededor de ella: vecinos, profesionales, personas perfectamente funcionales que habían renunciado a sus trabajos, vendido sus casas y esperaban esa noche la llegada de una nave espacial que los rescataría antes del diluvio.

La mañana del 22 de diciembre, el mundo amaneció exactamente igual. Y el grupo no se disolvió. No admitió el error. No se fue a casa con la cabeza agachada. Al contrario: reforzó su fe con una lógica que desde afuera parecía delirante pero que desde adentro era perfectamente coherente… Su devoción había sido tan intensa que había salvado al mundo. La profecía fallida se convirtió, paradójicamente, en prueba de su poder.

El psicólogo Leon Festinger, que se había infiltrado en el grupo para observar exactamente ese momento, llamó a ese mecanismo disonancia cognitiva: la tensión que sentimos cuando la evidencia contradice lo que creemos, y la tendencia compulsiva a resolver esa tensión no cambiando la creencia sino reinterpretando la evidencia. Cuando lo leí por primera vez, pensé en cada campaña donde vi a votantes defender a un candidato desacreditado con argumentos que desafiaban cualquier lógica externa. No lo hacían por ignorancia. Lo hacían por la misma razón que los seguidores de Dorothy Martin: admitir el error habría costado demasiado. Y el cerebro, cuando calcula ese costo, siempre elige la opción más barata.

* * *

Cinco años después de infiltrarse en la secta, Festinger diseñó con su colega James Carlsmith lo que sigue siendo uno de los experimentos más elegantes de la psicología moderna, y también uno de los más perturbadores si se piensa en sus implicaciones políticas. Tomaron a dos grupos de estudiantes universitarios y los sometieron durante una hora a la tarea más tediosa que pudieron diseñar: girar clavijas en una tabla, una por una, sin parar. Al terminar, le pidieron a cada participante que le dijera al siguiente que la actividad había sido interesante y divertida. Una mentira directa, sin matices. A un grupo le pagaron veinte dólares por mentir. Al otro, un dólar.

El resultado invierte cualquier intuición razonable: quienes recibieron un dólar reportaron haber disfrutado más la tarea que quienes recibieron veinte. Los mejor pagados sabían que habían mentido por dinero y podían vivir con eso. Los peor pagados no tenían justificación externa suficiente para su deshonestidad, así que el cerebro fabricó una interna: quizás la tarea sí había sido interesante. Quizás no habían mentido del todo. La mente humana, cuando la recompensa externa es insuficiente, genera su propia re-

compensa —la sensación de haber sido congruente— y lo
hace con la misma naturalidad con que genera saliva antes
de comer.

En una campaña presidencial en la que trabajé en Centroamérica, el candidato fue captado en un video comprometedor tres semanas antes de la elección. El equipo contrario esperaba el colapso. Lo que ocurrió fue lo opuesto:
los votantes más comprometidos con nuestro candidato no
solo no lo abandonaron sino que se volvieron más activos,
más agresivos en redes, más dispuestos a salir a defender la
causa. Habían invertido demasiado tiempo, conversaciones
e identidad pública como para que un video cambiara la
ecuación. El cerebro hizo exactamente lo que hicieron los
estudiantes con el dólar: fabricó la justificación interna que
la evidencia externa no ofrecía. «El video está editado», «es
una operación sucia», «todos lo hacen pero solo a él lo graban.» No eran argumentos, eran su anestesia.

* * *

Drew Westen, neurocientífico de la Universidad de
Emory, pasó años escaneando cerebros de votantes mientras
les mostraba información contradictoria sobre sus candidatos preferidos, y encontró algo que en retrospectiva parece
obvio pero que la ciencia política tardó décadas en tomarse
en serio: el cerebro procesa la información política exactamente igual que procesa una relación amorosa. Cuando el
candidato al que amas se equivoca, lo primero que hace tu
mente no es juzgarlo, es protegerlo. Las regiones racionales
se apagan. Las áreas vinculadas al placer, la afiliación y la
recompensa se encienden. Y cuando el cerebro encuentra
la justificación que necesita como «mintió por una buena
causa», «todos lo hacen», «la prensa lo distorsionó», libera

dopamina. Placer químico por haber restaurado la consistencia.

Eso convierte al voto en un contrato afectivo que el votante firmó sin leer las cláusulas y que defiende con la misma intensidad con que defendería a su pareja en una pelea de bar. No porque no vea los defectos, sino porque el vínculo emocional que construyó con esa figura política es parte de su identidad, y atacar al candidato es atacarlo a él. He visto esa geografía emocional en campañas en Ecuador, en Paraguay y en la República Dominicana. Los mismos mecanismos en países distintos, con candidatos distintos, con escándalos distintos. La neurología del votante no tiene pasaporte.

El caso más claro que recuerdo de ese matrimonio rompiéndose fue en una campaña en el Caribe, donde el candidato había construido durante años una imagen de hombre cercano, de barrio, de los de abajo. Su vínculo emocional con la base era genuino y sólido. Luego apareció una fotografía en una cena, una mesa cara, con personas equivocadas y algo en el electorado crujió. No porque el escándalo fuera el más grave que ese país había visto, sino porque la imagen contradecía exactamente el relato afectivo que sus votantes habían construido sobre él. No lo habían elegido por sus propuestas. Lo habían elegido porque era como ellos. Y de pronto no lo era. Ese tipo de ruptura no se repara con conferencias de prensa ni con datos. Se repara, si es que se repara, con tiempo y con un acto de humanidad que sea tan potente como el que construyó el vínculo original. En ese caso no hubo tiempo.

Lo que más me ha costado aceptar de ese hallazgo —y tardé años en integrarlo en mi trabajo— es que ese matrimonio no se disuelve con argumentos. Se disuelve, cuando el costo emocional de seguir casado supera el costo emocional de divorciarse. Y ese umbral es distinto para cada votante, en cada contexto, en cada momento de la campaña. El estratega que no entiende eso diseña debates. El que sí lo entiende diseña salidas dignas.

* * *

La disonancia cognitiva no es un fenómeno individual. Se contagia, se institucionaliza, y en su forma más extendida se convierte en cultura. Cuando el autoengaño se vuelve compartido deja de parecer mentira y empieza a parecerse al sentido común.

En 2023, durante una campaña para gobernador regional en el norte de Perú, trabajé con un candidato que había prometido públicamente no subir impuestos locales. El mensaje había funcionado: contundente, claro, bien recibido. Pero a mitad de campaña las proyecciones fiscales lo obligaron a matizar, y «ajustes temporales» fue la nueva fórmula. Esperaba encontrar en los grupos focales molestia, decepción, quizás furia. Lo que encontré fue otra cosa: sus votantes más comprometidos no sintieron traición. Racionalizaron con una velocidad que todavía me asombra «es que ahora tiene más información, los otros candidatos harían lo mismo pero no lo dicen, al menos él es honesto al cambiar de opinión.» Nadie quería admitir que había creído en una promesa insostenible. Era infinitamente más económico, en términos emocionales, ajustar la narrativa. No defendían al candidato: defendían su propia decisión de haberlo apoyado.

Eso es lo que opera detrás de la frase que más he escuchado en diez años de campañas en doce países: «todos son iguales.» Esa sentencia no es apatía ni cinismo, es una operación de autoprotección emocional perfectamente funcional. Si todos son iguales, entonces quien votó por el corrupto no se equivocó más que quien votó por el otro. La culpa se disuelve en el colectivo. Nadie tiene que cargar solo con el costo de haber creído. Es, en el fondo, el mecanismo más democrático que existe: la irresponsabilidad compartida como anestesia moral de masas.

* * *

El caso que más claramente he visto funcionar este mecanismo en una campaña propia fue en Durango, en 2022, con Esteban Villegas.

El problema era específico y tenía una geometría peculiar: su imagen personal gozaba de simpatía genuina, pero la marca política que lo abanderaba generaba rechazo activo en una franja significativa del electorado. Las encuestas mostraban un patrón que al principio parecía una contradicción pero que en realidad era una disonancia perfectamente diagnosticable: la gente quería votar por él pero no quería votar por el partido. Ese votante existía en volumen suficiente para decidir la elección, y estaba paralizado, no por falta de información sino por exceso de incomodidad interna. Votar por Villegas significaba votar por una fuerza política que públicamente había dicho que rechazaba. Eso dolía. Y el dolor, como ya sabemos, produce parálisis antes que acción.

La respuesta no fue argumentativa sino narrativa: «Defendamos a Durango.» Cuatro palabras que hicieron una sola cosa: desplazar el eje de la decisión de la identidad partidista a la identidad territorial. De pronto el votante ya no tenía que resolver su contradicción interna entre la persona y el partido: podía decir «no estoy votando por un partido, estoy protegiendo mi tierra» y sentirse moralmente consistente. La disonancia no desapareció —seguía ahí, intacta—

pero encontró una salida que no le costaba la identidad. Y cuando la disonancia tiene salida, el voto se libera.

He llegado a pensar que esa es la descripción más precisa del trabajo de un estratega: no convencer a nadie de nada, sino construir las condiciones para que la gente pueda hacer lo que ya quería hacer sin sentirse traicionada a sí misma. El cambio político no ocurre cuando la gente piensa distinto. Ocurre cuando puede sentir distinto sin cargar con la culpa de haber cambiado.

* * *

Pero la disonancia tiene un límite. El mismo mecanismo que mantiene la fe puede romperla cuando la distancia entre el relato y la realidad se vuelve insoportable y cuando eso ocurre a escala colectiva, lo que colapsa no es una campaña sino un sistema.

México, 1994, es el laboratorio más claro que conozco de ese colapso. El país vivía dentro de un relato de modernización y estabilidad que el gobierno había construido con cuidado durante años: el TLCAN acababa de entrar en vigor, la narrativa oficial hablaba de un México que por fin tomaba su lugar en el primer mundo, y esa historia era suficientemente cómoda para que millones de mexicanos resolvieran su disonancia a favor del sistema. Luego llegó el primero de enero con el levantamiento zapatista en Chiapas justo el mismo día que el tratado entraba en vigor, como si la historia tuviera sentido del teatro, y tres meses después el asesinato de Luis Donaldo Colosio en Lomas Taurinas, en Tijuana, transmitido en televisión nacional.

Esos dos golpes no fueron simplemente eventos traumáticos: fueron evidencia imposible de reinterpretar. El relato de la estabilidad no podía contener simultáneamente una guerrilla activa y el asesinato del candidato presidencial del partido gobernante. La disonancia colectiva se volvió insostenible, y cuando eso ocurre, cuando la narrativa oficial ya no tiene capacidad de absorber la contradicción, el cerebro colectivo no busca una justificación nueva. Busca una narrativa nueva. En pocos años ese quiebre abrió paso a fuerzas políticas que hasta entonces eran impensables, a lenguajes que el sistema no había necesitado neutralizar porque nunca habían tenido audiencia real. Lo que colapsó en 1994 no fue solo la credibilidad de un partido: fue la consistencia emocional de una generación entera.

He aprendido —y esto me costó verlo con claridad— que los gobiernos no caen por falta de logros. Caen cuando los ciudadanos ya no pueden reconciliar lo que ven con lo que les cuentan, y el costo emocional de seguir intentando esa reconciliación supera el costo de abandonarla. La confianza no se derrumba de golpe: se erosiona grieta por grieta, hasta que un día un solo evento hace colapsar lo que ya estaba hueco por dentro.

* * *

Los líderes políticos más efectivos que he conocido de cerca tienen algo en común que ningún manual de campaña describe con honestidad: se creen su propia historia. No en el sentido patológico del que pierde contacto con la realidad, sino en el sentido operativo del que ha interiorizado su narrativa tan profundamente que la transmite con una convicción que el cerebro ajeno procesa como verdad. Quien actúa convencido proyecta certidumbre, y la certidumbre —no los argumentos, no los datos, no el programa de gobierno— es lo que el electorado traduce instintivamente como liderazgo. Lo he visto funcionar en países donde el candidato más preparado perdió contra el más seguro, en campañas donde la convicción superó al argumento con una ventaja que ninguna encuesta predijo.

Esa convicción tiene un valor político real pero también un límite frágil. Funciona mientras el relato del líder puede absorber la realidad sin quebrarse. El momento en que ya no puede —cuando los hechos superan la capacidad de reinterpretación— es el momento más peligroso de cualquier gobierno, porque el líder que se creyó demasiado su propia historia es también el que más tarda en ver que ya no le creen los demás. He conocido políticos que gobernaron brillantemente durante años y se hundieron no por un error de gestión sino por ese retraso en la lectura: siguieron vendiendo la narrativa tres meses después de que el mercado emocional ya la había rechazado.

He aprendido que todo liderazgo necesita un grado funcional de autoengaño: la convicción suficiente para movilizar, pero no tanta como para dejar de escuchar. Creer lo bastante para inspirar; dudar lo suficiente para no perder contacto con la realidad que gobierna. Ese equilibrio es más difícil de mantener que cualquier estrategia de comunicación, y es el que separa a los líderes que duran de los que colapsan espectacularmente. La disonancia cognitiva no es solo el mecanismo que explica al votante. Es también, en su versión más sofisticada, el mecanismo que explica el poder.

«El cerebro político no busca certezas. Busca refugios donde la contradicción duela menos.»

Capítulo 3.
El sesgo invisible

«No votamos por lo que es real, sino por lo que el cerebro interpreta como verdad.»

Cada día tomamos más de 35,000 decisiones, y la mayoría ocurre antes de que tengamos conciencia de haberlas tomado. Comemos lo mismo, conducimos la misma ruta, seguimos a los mismos políticos, escuchamos la misma música. Eso no es pereza: es eficiencia neuronal. El cerebro, que como ya vimos consume una cantidad desproporcionada de energía para su tamaño, construyó durante milenios un sistema de atajos que le permite operar sin gastar recursos en cada decisión menor. Ese sistema no busca la verdad. Busca seguridad. No compara sino que reconoce. Y esa diferencia, que parece semántica, es la distancia entre ganar y perder una elección.

En 2024, en una ciudad capital de departamento en Colombia, asesoré brevemente una campaña que llegaba con ventaja técnica real: diagnósticos sólidos, propuestas detalladas, un equipo de políticas públicas que habría podido gobernar desde el primer día. Su eslogan era «Desarrollo integral con equidad, transparencia y participación ciudadana.» Su oponente usó tres palabras: «Primero la gente.» En los grupos focales, nadie recordaba el eslogan largo. «Primero la gente» aparecía espontáneamente, incluso entre indecisos que no sabían el nombre del candidato que lo usaba. No porque fuera más profundo, sino porque era más fácil de cargar. El cerebro no premia la complejidad: premia lo que puede procesar sin cansarse. El candidato técnico perdió por seis puntos. Su equipo insistía en que «la gente no entendió la propuesta.» Pero el problema nunca fue la comprensión. Fue esfuerzo cognitivo. Y el esfuerzo cognitivo, en política, es el enemigo silencioso de las mejores ideas.

Eso es lo que en psicología llaman sesgo: una preferencia que se siente como lógica porque nació antes que el argumento. No es ignorancia. Es economía mental. El votante no llega a evaluar, solamente reconoce, clasifica, descarta. Y el estratega que no entiende esa diferencia llega a la campaña con un maletín lleno de argumentos perfectos para un debate que el electorado nunca va a tener.

* * *

En 1985, Coca-Cola cometió el error de marketing más costoso del siglo XX, y lo hizo después de haber ganado. Durante meses, la compañía había realizado pruebas de sabor ciegas en las que su nueva fórmula derrotaba consistentemente a la original y de paso a Pepsi, que llevaba años ganando terreno. Los números eran irrefutables. La ciencia estaba de su lado. El 23 de abril anunciaron el cambio con la confianza de quien sabe que tiene razón, y en menos de ochenta días tuvieron que retirar el producto de los estantes porque el mercado los estaba destruyendo. No porque el nuevo sabor fuera objetivamente peor porque en pruebas ciegas seguía ganando, sino porque la gente no estaba comprando sabor. Estaba comprando identidad. Estaba comprando memoria. Estaba comprando la sensación de que algo familiar seguía ahí. Y cuando ese algo desapareció, la reacción no fue racional: fue de duelo.

El sesgo no distingue entre urnas y anaqueles. Cuando un votante elige a un candidato «porque le da confianza», está respondiendo a los mismos estímulos que cuando elige una marca en el supermercado: el color del empaque que se siente seguro antes de que lo leas, el nombre que ya escuchaste en otro contexto y por eso suena honesto, el ritmo de un eslogan que el cerebro puede repetir sin esfuerzo. No es que el votante no piense, es que su cerebro ya procesó todo eso antes de que él se sentara a pensar. Las frases con ritmo se sienten más verdaderas que las frases complejas aunque digan exactamente lo mismo y hay estudios que lo confirman, pero francamente no necesito estudios: lo he visto funcionar en demasiadas campañas como para necesitar que alguien de Stanford me lo explique.

El cerebro privilegia lo que puede procesar sin esfuerzo, y lo que procesa sin esfuerzo lo percibe como honesto, como familiar, como seguro. Un mensaje difícil se siente sospechoso. Uno claro se siente verdadero. La campaña que simplifica no es superficial: está hablando el idioma del cerebro. El error de Coca-Cola no fue cambiar la fórmula. Fue confundir el laboratorio con el mercado. El error del candidato colombiano fue el mismo.

* * *

En los años veinte, el director de cine soviético Lev Kuleshov hizo un experimento que todavía me parece el más revelador de todo lo que he leído sobre cómo funciona la mente humana. Tomó un plano del actor Ivan Mozzhukhin con rostro neutro, sin expresión discernible y lo intercaló con tres imágenes distintas: un plato de sopa, una mujer en un ataúd, una niña jugando. Cuando el público vio la secuencia, leyó en el mismo rostro neutro tres emociones completamente distintas: hambre, tristeza, alegría. No había cambiado nada en el rostro del actor. Lo único que había cambiado era el contexto. La interpretación no estaba en la imagen, estaba en la secuencia. El cerebro no registra lo que ve: construye lo que ve a partir de lo que acaba de ver.

En política ese mecanismo se llama encuadre, y es lo que explica por qué dos personas pueden escuchar exactamente la misma frase y salir con dos interpretaciones opuestas: no recibieron información distinta ya que tenían marcos distintos desde los cuales procesarla. Nietzsche lo dijo sin anestesia hace más de un siglo: no existen hechos, solo interpretaciones. La neurociencia moderna dice lo mismo con escáneres: el cerebro no registra la realidad, la edita. Ordena la experiencia para que tenga sentido y, sobre todo, para que no duela. Cuando defendemos una idea que ya tenemos, el cerebro activa circuitos de recompensa. Cambiar de opinión, en cambio, se procesa como amenaza. Por eso cuando un político cambia de postura, su base lo disculpa porque «el contexto cambió» o «está aprendiendo» y cuando lo hace el adversario, lo condenan como traición. El sesgo es ese filtro invisible que hace que la misma información signifique cosas distintas para cada tribu. Una campaña no se gana demostrando. Se gana instalando el encuadre desde el cual la evidencia del adversario rebota antes de aterrizar.

* * *

El sesgo de confirmación es más viejo que internet, pero internet le dio infraestructura industrial. En redes sociales, el votante no busca información, busca pertenencia. El algoritmo no es neutral: está diseñado para mostrarte la versión del mundo que ya tienes, porque esa versión te mantiene en la plataforma más tiempo y más tiempo en la plataforma significa más publicidad vendida. La radicalización no es un efecto secundario del modelo de negocio. Es el modelo de negocio.

Cada «me gusta» que valida tu postura libera una microdosis de dopamina. El cerebro interpreta esa recompensa química como confirmación de que tienes razón. El ciclo se repite, se refuerza, y lo que era una opinión se convierte en certeza y luego en identidad. Cuestionar esa certeza desde afuera no produce reflexión, produce una reacción inmune. He visto equipos de campaña invertir presupuestos enormes en contenido «informativo» dirigido a votantes del adversario, convencidos de que la evidencia cambiaría opiniones. No cambia nada. No porque la gente sea terca, es porque el cerebro procesa la información disconfirmatoria exactamente igual que procesa una amenaza física, con las mismas regiones, con la misma urgencia defensiva.

Lo que sí funciona —y lo aprendí a golpes— no es atacar la creencia sino rodearla. No disputas la fe del feligrés en medio de la misa. Esperas a que salga del templo.

* * *

El 26 de septiembre de 1960, setenta millones de estadounidenses vieron por televisión el primer debate presidencial de la historia transmitido en vivo. John F. Kennedy llegó bronceado, descansado, con un traje que contrastaba bien con el fondo del estudio. Richard Nixon llegó recuperándose de una rodilla operada, con una camisa que se fundía con el escenario, rechazando el maquillaje que le ofrecieron. Las encuestas después del debate mostraron algo que nadie había documentado antes: quienes lo escucharon por radio dijeron que Nixon había ganado. Quienes lo vieron por televisión dijeron que Kennedy había ganado. El mismo debate, el mismo contenido, dos resultados opuestos dependiendo del canal. No fue la primera vez que el cuerpo votó antes que el argumento, fue la primera vez que quedó registrado con esa claridad.

Barack Obama entendió eso mejor que ningún otro político de su generación. Sus discursos no eran solo textos, eran composiciones. Miles Davis decía que las notas que no tocas son tan importantes como las que sí tocas y Obama lo aplicó literalmente: ensayaba pausas y silencios con la misma precisión con que un baterista ensaya el contratiempo, sabiendo que el momento de callar es el que decide si la siguiente frase aterriza o se pierde en el ruido. En el discurso de New Hampshire de enero de 2008 —el que dio después de perder Iowa, mismo que muchos consideran el mejor de su carrera— el ritmo era tan calculado que periodistas de música lo analizaron como si fuera una pieza de jazz: estructura de llamada y respuesta, *crescendos* controlados, el Yes We Can final construido como un estribillo que el público completaba solo. No era solo oratoria. Era una coreografía emocional.

He visto ese mismo principio destruir una campaña en sentido contrario. En una elección municipal en el norte de México, el candidato que asesorábamos llegó al debate definitivo con el mejor equipo de contenido que habíamos preparado en meses: datos duros, propuestas específicas, respuestas para cada ángulo de ataque posible. Perdió el debate en los primeros cuarenta segundos, antes de abrir la boca, cuando las cámaras lo capturaron acomodándose el micrófono con las dos manos y mirando al piso. Su oponente entró al foro, saludó al moderador por su nombre, miró directo a la cámara y sonrió. El público del estudio respondió con un aplauso que no venía del protocolo. En los grupos focales tres días después, los indecisos que vieron ese debate recordaban el gesto de la sonrisa. No recordaban ninguna propuesta de ninguno de los dos. El candidato técnicamente superior perdió la elección por cuatro puntos. Semanas después, su equipo seguía discutiendo qué argumento había fallado. Ningún argumento había fallado. Había fallado el primer segundo.

El sesgo estético no se trata de vanidad. Es biología. El cerebro humano, antes de procesar el significado de una frase, procesa su sonido, su ritmo, la seguridad o el temblor en la voz que la pronuncia, la postura del cuerpo que la sostiene. Y esa evaluación que ocurre en milisegundos, antes de cualquier análisis consciente, a veces ya decidió el resultado cuando el candidato todavía está acomodándose el micrófono.

* * *

En Paraguay, Arnoldo Wiens enfrentaba un problema que suena como un elogio pero que en campaña es una sentencia: era demasiado correcto. Con reputación técnica impecable, moral incuestionable, trayectoria sin manchas. Y en los grupos focales, eso se traducía en distancia. Los votantes lo respetaban de la misma manera que respetan a un juez o a un contador… con la misma frialdad, con la misma falta de calor emocional. No desconfiaban de él. Simplemente no se reconocían en él. Y en política, el reconocimiento vale más que la admiración. Puedes admirar a alguien desde lejos durante toda la campaña y votar por otro el día de la elección.

El diagnóstico fue claro: el problema no era ideológico ni programático. Era perceptivo. La seriedad del candidato se leía como distancia, y la distancia no genera votos, genera respeto desde lejos. La solución no era cambiar quién era Wiens sino abrir una grieta por donde el votante pudiera entrar. Mostrarlo en contextos donde su humanidad fuera visible sin que su autoridad se fracturara: historias de su infancia, imágenes con menos traje y más territorio, relatos en primera persona que no existían en ningún discurso oficial. No se trataba de inventar una persona distinta, se trataba de mostrar la dimensión que el formato político había ocultado.

Lo que más me interesa de ese caso, en retrospectiva, es lo que revela sobre los límites del sesgo de competencia. Tendemos a asumir que un candidato claramente capaz debería ganar contra uno menos preparado. Pero la competencia que el cerebro del votante evalúa no es la competencia técnica sino la competencia emocional. ¿Este candidato entiende lo que yo vivo? ¿Me reconoce? ¿Soy visible para él? Esas preguntas se responden en segundos, antes de que empiece el debate, antes de que aparezca la primera propuesta. Y si la respuesta es no, el resto del trabajo de campaña se construye sobre una base que ya está perdida.

* * *

El 22 de junio de 1986, en el Estadio Azteca de Ciudad de México, Diego Maradona metió dos goles en el mismo partido contra Inglaterra con un intervalo de cuatro minutos. El primero lo metió con la mano —lo admitió él mismo décadas después— en una jugada que el árbitro no vio y que la historia conoce como «la mano de Dios.» El segundo es, dependiendo de a quién le preguntes, el mejor gol de la historia del fútbol: sesenta metros en diagonal, gambeteando a cinco defensas y al portero, solo con sus piernas y una velocidad que parecía física e históricamente imposible. Argentina ganó ese partido y siguió hasta el título mundial. Y lo que la memoria colectiva argentina guarda de ese día, lo que se recuerda en los bares, lo que se enseña a los hijos, lo que aparece en los murales, no es la trampa. Es el gol. No porque nadie supiera de la trampa —todo el mundo lo sabía— sino porque el cerebro colectivo eligió, con perfecta racionalidad emocional, quedarse con la versión que podía sostener sin que doliera.

Eso es exactamente lo que hacen los votantes cuando apoyan a Trump repitiendo historias de inmigrantes criminales cuya frecuencia estadística es marginal, o cuando votan a Bolsonaro porque su figura de exmilitar proyecta orden en un país que siente que se le está yendo de las manos, o cuando eligen a Macron porque representa una versión del futuro que quieren creer que existe, o cuando votan a Zelenski porque ya lo conocían como presidente antes de que lo fuera (lo habían visto serlo en televisión, y el cerebro no distingue bien entre el recuerdo de ficción y el recuerdo de realidad). En todos esos casos, el voto no fue irracional. Fue perfectamente racional dentro de la lógica del cerebro que lo emitió: una lógica que no optimiza la verdad sino la coherencia, que no busca el mejor candidato sino el que reduce más la ansiedad, que no evalúa propuestas sino que reconoce patrones.

El mayor error que he visto cometer a estrategas inteligentes —y me incluyo en mis primeros años— es indignarse con el votante. Tacharlo de manipulado, de ignorante, de irracional. Eso es pereza disfrazada de superioridad. El votante no se equivoca: se protege. El sesgo no es un defecto del electorado, es el mecanismo con el que cualquier ser humano, incluido el estratega que lo analiza, navega un mundo demasiado complejo para procesarlo completo. Entender eso no es cinismo. Es el requisito mínimo para trabajar en este oficio con algo de honestidad.

El poder, al final, es la capacidad de narrar el mundo de un modo que el otro pueda sobrellevar. El candidato que entiende eso no gana porque tiene las mejores ideas. Gana porque ofrece la versión de la realidad que el cerebro de su electorado puede habitar sin fracturarse. Y esa versión coherente, familiar, emocionalmente sostenible, vale más que cualquier plan de gobierno de cuarenta y siete puntos.

Capítulo 4.
La guerra de las percepciones

«En la guerra moderna ya no se derriban ejércitos: se derriban sentidos. Quien controla la pregunta, controla la respuesta.»

En 1997, Barry Levinson estrenó *Wag the Dog*, una película donde un productor de Hollywood contrata a un *spin doctor* para fabricar una guerra televisiva inexistente que sea el distractor de un escándalo presidencial. La crítica la recibió como una sátira inteligente. Semanas después, estalló el escándalo Lewinsky y Estados Unidos entró en un debate real sobre si el gobierno había bombardeado Sudán para desviar la atención. La ficción y la realidad colapsaron en tiempo real, y la pregunta que quedó flotando fue: ¿Cuánto de lo que vemos es fabricado? Esta pregunta nunca encontró respuesta limpia. Levinson no había inventado nada. Había descrito algo que ya existía y que el público prefería creer que era ciencia ficción.

No es ciencia ficción. Es el campo de trabajo. La guerra de las percepciones no es una metáfora ni una hipérbole para conferencias sobre comunicación política, es la descripción técnica más precisa de lo que ocurre en una campaña moderna, segundo a segundo, imagen por imagen. La munición es la atención. El campo de batalla es el *feed*. Y la victoria no se define por quién tiene razón sino por quién instaló primero el encuadre desde el cual la razón del adversario parece irrelevante. He trabajado en doce países y en cada uno, sin importar el sistema electoral ni el contexto cultural, la dinámica es la misma: quien controla la pregunta controla la respuesta. Y quien controla la respuesta no necesita ganar el argumento porque el argumento ya no importa.

Lo que cambió en los últimos diez años no es la naturaleza de esa guerra porque siempre fue así, sino su velocidad y su escala. Un rumor bien armado recorre más territorio en cuatro horas que una campaña de prensa en cuatro semanas. Una imagen fuera de contexto hace más daño en treinta segundos que un escándalo documentado en treinta días. He conocido estrategas brillantes que lo perdieron todo no porque les faltara talento sino porque llegaron a responder cuando el daño ya se había sedimentado en la memoria emocional del electorado y ningún argumento posterior podía removerlo. La velocidad no es un detalle operativo. Es la variable que decide si el partido se juega o ya terminó.

* * *

En septiembre de 2002, el gobierno de Tony Blair publicó un dossier que afirmaba que Irak podría desplegar armas de destrucción masiva en cuarenta y cinco minutos. La BBC reportó, con fuentes, que el documento había sido exagerado para justificar una guerra que ya estaba decidida. El gobierno contraatacó, la BBC se defendió, y en el centro de todo quedó atrapado David Kelly, el científico del ministerio de defensa que había sido la fuente. Kelly apareció muerto en julio de 2003. Lo que siguió fue uno de los casos más documentados de guerra de percepciones en tiempo real: el gobierno de Blair y la dirección de la BBC se destruyeron mutuamente en semanas, cada uno convencido de que tenía la verdad de su lado, ninguno capaz de imponerla.

La investigación oficial que vino después no resolvió nada, solo agregó otra capa de interpretación sobre las anteriores. La verdad quedó enterrada bajo las narrativas en conflicto, y esa es exactamente la condición que un rumor bien diseñado busca crear: no convencer de una mentira sino hacer que la verdad sea tan difícil de sostener que el público simplemente deje de intentarlo.

Sun Tzu escribió que el primer movimiento define la contienda. En la era digital, ese primer movimiento es narrativo: quien establece el marco de interpretación obliga a todos a responder desde su terreno. El rumor no se presenta como verdad absoluta, eso lo haría refutable. Se disfraza de duda, de «¿ya viste esto?», de captura de pantalla sacada de contexto, de audio recortado que suena plausible. Su objetivo no es convencer sino erosionar. La duda en política es un veneno lento que desactiva la confianza antes de que el antídoto tenga oportunidad de llegar. Y lo más perturbador que he aprendido en veinte años de este oficio es que el tamaño del rumor no importa; importa el momento en que llega y el estado emocional del electorado cuando lo recibe. Un rumor pequeño en el momento correcto destruye más que una mentira enorme en el momento equivocado.

* * *

He fabricado miedo. Lo digo así, sin eufemismo, porque creo que el estratega que no puede admitir eso no entiende realmente lo que hace. No miedo inventado sino miedo amplificado, encuadrado, dirigido hacia donde necesitaba que el electorado mirara. En una campaña en el centro de México, trabajábamos en un municipio donde la inseguridad era real pero difusa; no había un indicador catastrófico, había una sensación acumulada de que las cosas se estaban yendo de las manos.

El candidato contrario era el oficial, y su narrativa era la del orden restaurado. Nuestra tarea era hacer que esa narrativa fuera insostenible sin falsificar nada, solo encuadrar lo que ya existía de manera que el electorado no pudiera ignorarlo. Reunimos testimonios de comerciantes, imágenes de negocios cerrados, una cronología de incidentes que nadie había conectado antes. No inventamos nada. Seleccionamos, ordenamos, y distribuimos en el momento correcto. En tres semanas, la narrativa del orden restaurado era indefendible, no porque la hubiéramos refutado con datos sino porque habíamos cambiado la emoción dominante con la que el electorado procesaba cualquier información sobre el tema.

El miedo activa la atención de una manera que ningún otro estímulo político puede replicar. Una imagen de caos, un titular que instala incertidumbre, una música disonante en los primeros segundos de un video no informan: disparan. Y lo que se dispara no es la razón sino la urgencia, ese estado en el que el cerebro prioriza la señal más intensa sobre cualquier análisis posterior. El miedo bien diseñado no es un argumento: es el estado emocional desde el cual todos los argumentos se procesan. La diferencia entre usarlo con ética y sin ella es la diferencia entre amplificar lo que es real y fabricar lo que no lo es. Esa línea existe. No siempre es cómodo mantenerse en ella, pero es la única línea que separa al estratega del mercenario.

* * *

En octubre de 1938, Orson Welles transmitió por radio una adaptación de *La guerra de los mundos* de H.G. Wells: una invasión marciana narrada como si fuera un noticiario en vivo, con reporteros interrumpiendo la programación regular, con locutores que describían la destrucción con la urgencia de quien está viendo algo que no puede creer. Miles de personas creyeron que los marcianos habían invadido New Jersey. No porque fueran ingenuas sino porque el formato era indistinguible del formato de las noticias reales, y el cerebro no verifica pero sí reconoce patrones. El patrón era el del noticiario de emergencia. La conclusión fue automática. Welles no mintió sobre los hechos del mundo, creó una experiencia sensorial que el cerebro procesó como realidad antes de tener oportunidad de analizarla. Ochenta y cinco años después, con *deepfakes*, con audio sintético, con videos manipulados que mejoran cada semana, el mecanismo es exactamente el mismo. Solo que ahora es más rápido, más barato y más difícil de detectar.

Un *deepfake* que muestra a un candidato diciendo algo que nunca dijo puede hundir una semana de campaña en cuestión de horas. No porque el público sea tonto, porque la imagen se imprime en la memoria visual antes de que la corrección tenga tiempo de llegar, y las correcciones, como ya vimos con Festinger y la secta del fin del mundo, no borran la impresión original: se acumulan encima de ella sin reemplazarla.

Lo que Cambridge Analytica demostró, y lo que las operaciones de desinformación en elecciones de todo el mundo han confirmado desde entonces, es que la mentira grande ya no es necesaria. Basta con amplificar una vulnerabilidad real, fragmentar la atención del electorado y dejar que el algoritmo haga el resto. El algoritmo prioriza lo que provoca reacción, silencia lo que exige análisis, multiplica lo que indigna y castiga lo que requiere tiempo. En ese ecosistema, la verdad compite en desventaja estructural no porque sea menos poderosa sino porque es más cara de producir y más lenta de distribuir.

Don't Look Up, la película de Adam McKay donde dos astrónomos descubren un cometa que destruirá la Tierra y nadie les cree porque el mensaje compite con el ciclo de noticias y la polarización política, es la descripción más honesta que el cine reciente ha hecho de ese problema. La verdad no perdió porque era falsa. Perdió porque no tenía diseño narrativo suficiente para competir con la comodidad emocional de ignorarla. El estratega que confía en que la verdad se impone sola no entendió la película. Ni el trabajo.

* * *

Acapulco, abril de 2024. A dieciocho días de la elección municipal, un audio manipulado inundó WhatsApp. Eran frases recortadas: se escuchaba al candidato decir «eso ya pasó, hay que seguir adelante», una declaración que en su contexto original se refería al proceso de reconstrucción tras el huracán Otis, pero que fuera de contexto sonaba a frialdad ante las víctimas. La pieza se viralizó con furia. No importaba si era cierta: importaba que se sentía real en ese momento de dolor colectivo, en una ciudad que todavía tenía heridas abiertas del huracán y que estaba buscando, con urgencia emocional, alguien a quien culpar de la lentitud de la reconstrucción.

En setenta y dos horas, las encuestas registraron una caída de siete puntos. La ventaja de doce se redujo a cinco. Las redes locales estallaron. En los grupos de WhatsApp, el audio se replicaba como pólvora. En los medios, los titulares amplificaban la indignación. La percepción se adelantó a cualquier explicación posible.

El equipo respondió en tres planos simultáneos. Primero, presencia directa: el candidato salió a la calle sin protocolo, sin cámaras formales, no para explicar sino para mostrarse humano visitando a una familia afectada, escuchando, siendo visto en el territorio del dolor. Segundo, triangulación: médicos, líderes comunitarios y empresarios que respaldan no al político sino su impacto concreto en la reconstrucción, voces que el electorado no percibía como parte del equipo de campaña y por eso les creía más. Tercero, narrativa emocional: historias reales, una familia beneficiada, una escena de ayuda captada en video, una emoción que compensara la sospecha instalada por el audio.

Pero lo más importante fue el reencuadre. En vez de negar el audio —lo que habría repetido el marco del adversario y reforzado la asociación entre el candidato y la frialdad— la campaña desplazó el eje: «¿Qué debería importarnos más hoy?» Esa pregunta simple cambió la conversación sin tocar el rumor. No lo silenciamos: lo desplazamos emocionalmente. La elección se ganó con un margen menor al proyectado con cinco puntos en lugar de doce, pero se ganó. Porque no combatimos una mentira con argumentos. Combatimos una atmósfera con otra atmósfera.

* * *

En 2003, Barbra Streisand demandó a un fotógrafo que había publicado imágenes aéreas de la costa de California, entre las cuales aparecía su mansión en Malibú. Antes de la demanda, esa fotografía había sido descargada seis veces. Después de la demanda, la imagen circuló por todo internet y fue vista por medio millón de personas en el primer mes. El intento de suprimir, lo amplificó exponencialmente. El «efecto Streisand», como lo llaman desde entonces, es la demostración más elegante de uno de los principios más contraintuitivos de la comunicación en crisis: a veces la respuesta es el daño.

La regla de oro en el frente es no repetir el marco del adversario. Si alguien acusa a un candidato de corrupción y este responde con «yo no soy corrupto», el mensaje central que el cerebro del electorado registra es «corrupción» asociada con el candidato, reforzada por su propia boca. He visto equipos de campaña cometer ese error con una regularidad que todavía me asombra, convencidos de que la refutación directa es la respuesta obvia a una acusación directa. No lo es. La respuesta obvia es la que el adversario diseñó para que dieras. La respuesta inteligente es la que él no esperaba: una acción concreta que reencuadre la conversación, una historia humana que desplace el eje emocional, un silencio calculado que deje al rumor sin el oxígeno de la reacción.

El humor funciona como desactivador cuando se puede usar: ridiculizar el rumor le quita seriedad sin necesidad de confrontarlo. La triangulación funciona cuando hay voces externas confiables disponibles. Y la presencia física funciona casi siempre, porque lo que se puede ver y tocar desactiva el anclaje de duda más rápido que cualquier defensa digital. Lo que no funciona nunca es el pánico: el equipo que entra en crisis antes que el candidato contamina la respuesta con exactamente la emoción que el adversario sembró. La primera gestión en una guerra de percepciones es siempre interna.

* * *

La mejor defensa es la que se construye antes de que llegue el ataque, no como protocolo de emergencia sino como arquitectura de confianza que funciona todos los días, en silencio, sin que nadie la llame estrategia. Un político que aparece solo en tiempos de elección es estructuralmente vulnerable: no tiene historia depositada en la memoria afectiva del electorado, y cuando llega el rumor no hay nada que lo contrabalancee. Un político que ha visitado, entregado y resuelto durante el tiempo entre campañas tiene algo que ningún presupuesto de crisis puede comprar: treinta experiencias concretas que el electorado recuerda con sus propios sentidos, y que compiten con el rumor desde adentro de la memoria emocional, no desde afuera.

La percepción puede manipularse. La experiencia repetida construye resistencia. No son lo mismo, y la diferencia entre los dos se vuelve decisiva exactamente en el momento en que el rumor llega porque el cerebro, ante la contradicción entre lo que le estás diciendo ahora y lo que vivió antes, elige quedarse con lo que vivió. Ese es el único blindaje real en una guerra de percepciones: no la velocidad de la respuesta, no el presupuesto del equipo de crisis, no el talento del estratega en el cuarto de guerra. Es el banco emocional acumulado antes de que la guerra empezara.

He llegado a pensar que esa es también la descripción más honesta de la ética en este oficio. No como un conjunto de prohibiciones sino como una inversión de largo plazo en la durabilidad de la confianza pública. Usar un reencuadre para reducir el daño de una acusación injusta no es lo mismo que usarlo para tapar corrupción real. Amplificar una vulnerabilidad legítima del adversario no es lo mismo que fabricar una inexistente. Diseñar atmósferas emocionales para que la gente pueda procesar realidades complejas no es lo mismo que diseñarlas para que no puedan procesarlas. Esas diferencias existen y son reales, aunque desde afuera el mecanismo parezca idéntico. El estratega que pierde esa distinción no solo compromete su ética, compromete su eficacia, porque las democracias, con toda su imperfección, tienen memoria, y la memoria emocional del electorado eventualmente cobra.

La guerra de las percepciones no termina. No hay armisticio, no hay tratado, no hay momento en que el trabajo esté completo. Hay campañas que se ganan y ciclos que empiezan de nuevo. Lo único que cambia, con el tiempo y con los errores, es la claridad con la que el estratega entiende en qué campo está jugando y qué tipo de victoria está dispuesto a buscar.

> *«En la guerra de las percepciones, el arma más poderosa no es la verdad: es la experiencia repetida.»*

CAPÍTULO 5.
EL ALGORITMO DEL VOTO

«El algoritmo no tiene ideología. Sólo optimiza emociones.»

Durante siglos, el ágora fue de piedra. En Atenas se discutía a cielo abierto, en Roma se ganaba con oratoria, en las revoluciones se empujaba la historia con pancartas. Todo ocurría en un espacio físico, a la vista de todos, con las mismas reglas para los que hablaban y los que escuchaban. Hoy la plaza pública no tiene dirección. Está en el *scroll*. La conversación política ya no te espera, te persigue. Aparece entre una foto de tu primo y un video de un perro, sin anunciarse, sin pedir permiso, calibrada por un sistema que sabe qué emoción necesitas antes de que tú lo sepas.

El votante ya no asiste al debate: lo desliza con el pulgar. Cada microgesto como una pausa de tres segundos sobre una imagen, un *emoji* de enojo o un «me gusta», funciona como un voto invisible que el algoritmo interpreta como preferencia y devuelve amplificado. No necesita argumentos. Basta con hacer sentir algo. Y el sistema que decide si tu mensaje llega o desaparece en el vacío no tiene ideología, no tiene lealtad, no tiene criterio democrático. Solo tiene un objetivo: maximizar el tiempo que alguien pasa frente a la pantalla. Todo lo demás como la verdad, la relevancia y la calidad del argumento, es secundario.

Tardé más de lo que me gustaría admitir en entender eso con la precisión que merece. No como concepto, el concepto es fácil y cualquier libro de comunicación digital te lo explica en el primer capítulo. Lo entendí como variable operativa, como cosa que afecta cada decisión de campaña desde cuándo publicas hasta qué emoción abre el primer segundo de un video, en Durango en 2022, mirando una hoja de cálculo con dos columnas de números que no deberían haber dado los resultados que daban.

* * *

En la campaña de Esteban Villegas en Durango en 2022, su principal adversaria, Marina Vitela, publicó en redes sociales 91 piezas en el periodo que medimos. Villegas publicó 71. Veinte publicaciones menos. Por la lógica convencional de presencia digital que es más contenido es igual a más visibilidad y más alcance, Vitela debería haber dominado el *feed*. No ocurrió así. Las publicaciones de Villegas crecieron en alcance orgánico un 47,75% durante ese periodo. Las de ella crecieron un 5%.

Esa diferencia no fue suerte ni presupuesto. Fue arquitectura emocional. La pieza que mejor ilustra lo que ocurrió fue un *post* que no parecía estratégico desde afuera: «¡Así somos los duranguenses. Honestos, trabajadores, ¡y bien entrones!» Sin imagen espectacular, sin producción elaborada, sin datos de gobierno. Solo una frase que le decía al votante duranguense algo sobre sí mismo antes de decirle algo sobre el candidato. Ese *post* alcanzó un 21% de *engagement,* un número que en redes políticas es casi imposible de lograr con contenido producido. No fue un accidente. Fue identidad territorial disparando la distribución orgánica.

El algoritmo no distribuyó esa pieza porque fuera buena. La distribuyó porque la gente la compartió. Y la gente la compartió porque no se sintió como publicidad, se sintió como espejo. Cuando alguien comparte un contenido político, rara vez lo hace porque quiera informar a sus contactos sobre un candidato. Lo hace porque el contenido dice algo sobre quién es él. «Comparto esto porque soy duranguense, porque soy trabajador, porque soy de los que se la rifan.» El algoritmo lee esa señal como aprobación masiva y la multiplica. Pero la señal original no la generó el sistema, la generó la identidad del votante encontrándose en una frase.

Lo que aprendí ahí, y que cambió la manera en que pienso el contenido digital desde entonces, es que el algoritmo no distribuye mensajes. Distribuye espejos. La pieza que le muestra al votante es una versión de sí mismo que quiere compartir con el mundo, esta gana el *feed* antes de que cualquier pieza argumentativa tenga oportunidad de competir.

* * *

En 1974, la politóloga Elisabeth Noelle-Neumann describió un fenómeno que llamó «espiral del silencio»: muchas personas callan sus opiniones cuando creen que son minoría, porque el miedo al aislamiento social pesa más que la necesidad de expresarse. Lo que Noelle-Neumann no pudo anticipar porque internet no existía, es que las redes sociales no solo reproducen esa espiral sino que la aceleran y la distorsionan hasta hacerla casi irreconocible. En el *feed*, la percepción de mayoría no tiene que corresponder con la realidad. Basta con que el algoritmo amplifique a un grupo vocal y enérgico para que parezca que todo el mundo piensa igual.

He visto ese mecanismo destruir decisiones de campaña en una elección municipal en el noreste de México, donde el equipo de estrategia pasó la última semana convencido de que iba ganando porque el *feed* lo decía: los comentarios, los compartidos, la energía de los simpatizantes en redes y llegó al cuarto de guerra la noche de la elección a esperar una victoria que nunca se logró. Las encuestas cara a cara lo habían dicho con claridad. El *feed* había dicho lo contrario. Eligieron creerle al *feed*.

Lo que más me preocupa de ese mecanismo no es el efecto sobre los votantes, es el efecto sobre los estrategas. El *feed* puede convencerte de que estás ganando cuando estás perdiendo, o de que el adversario es más fuerte de lo que es, y en ninguno de los dos casos el algoritmo te va a avisar que estás leyendo mal la señal. Solo va a seguir mostrándote lo que confirma lo que ya crees, porque eso es lo que te mantiene en la plataforma.

* * *

En 2016, la campaña del Brexit en el Reino Unido hizo algo que nadie había intentado a esa escala: no lanzó un mensaje. Lanzó cientos de mensajes distintos, el mismo día, dirigidos a perfiles emocionales distintos. Para los votantes que el sistema identificaba como motivados por miedo a la pérdida económica, llegaban piezas sobre el costo de permanecer en la Unión Europea. Para los que respondían al orgullo nacional, llegaban imágenes de soberanía recuperada. Para los que el análisis psicográfico marcaba como indignados con la élite política, llegaba el resentimiento contra Bruselas. Nadie vio lo que el otro vio. Nadie supo que existían los otros mensajes. *Take Back Control* era el eslogan unificador, pero debajo de ese eslogan operaba una máquina que había segmentado al electorado no por demografía sino por estado emocional, y le hablaba a cada estado emocional en su propio idioma.

Lo que Cambridge Analytica demostró no es que la manipulación sea nueva, sino que la personalización emocional a escala masiva ya ocurre, y que cuando se combina con el algoritmo de distribución de las plataformas, los mensajes no compiten entre sí en el mismo espacio público. Cada votante habita su propia versión del debate. La plaza pública, que en el ágora ateniense era literalmente el mismo espacio físico para todos, se fragmentó en millones de plazas paralelas donde cada quien ve la versión de la realidad que el sistema calculó que lo retiene más tiempo.

The Social Dilemma, el documental de Netflix donde los propios ingenieros que diseñaron esos sistemas describen lo que construyeron, tiene un momento que no he podido olvidar: Tristan Harris, ex diseñador de producto de Google, explicando que nunca diseñaron algo para manipular elecciones. Diseñaron algo para capturar atención. Las elecciones simplemente vivían ahí. La diferencia entre intención y consecuencia es la grieta por donde se cuela todo el daño.

* * *

Obama en 2008 no ganó el *feed* porque tuviera más presupuesto digital que sus adversarios, no lo tenía. Ganó porque Yes We Can no era un eslogan sino una frase que el votante podía hacer suya antes de que fuera del candidato. Su estructura fonética, su ritmo, su promesa implícita de pertenencia «nosotros podemos, no él puede», la hacían perfecta para el contagio emocional. Cada video, cada botón de donación, cada acto de campaña tenía el mismo tono de esperanza calibrado para que compartirlo se sintiera como un acto de identidad, no de propaganda. La campaña no pidió al votante que creyera en Obama. Le pidió que creyera en una versión de sí mismo.

Trump en 2016 aplicó la lógica opuesta con igual eficacia. Cada tuit era una provocación medida: generaba escándalo, el escándalo generaba cobertura, la cobertura generaba más tuits. El ciclo se autoalimentaba y el algoritmo lo premiaba porque el escándalo retiene más tiempo en pantalla que la calma. Lo que desde afuera parecía caos comunicacional era, desde adentro, la explotación más sistemática que se había hecho hasta entonces de la mecánica emocional del *feed*. Trump no ganó a pesar del ruido. Ganó a través de él.

Biden en 2020 leyó el clima pospandemia y eligió la calma como diferenciador. En un ecosistema saturado de indignación y urgencia, ofrecer estabilidad era el mensaje más contracultural posible y el algoritmo lo premió por contraste, porque la emoción que más faltaba en el *feed* era exactamente la que Biden ofrecía. No fue una decisión instintiva: fue una lectura del estado emocional del electorado en un momento específico.

Bukele en El Salvador llevó esto a su conclusión más radical. Hizo de la memificación una política de Estado. Con estética de videojuego, humor de internet, gobernanza en tiempo real en Twitter antes de que se llamara X, se declaró «el presidente más *cool* del mundo» y el algoritmo recompensó esa irreverencia con una distribución que ningún presupuesto de campaña tradicional habría podido comprar. Bukele entendió algo que pocos presidentes en ejercicio han entendido: gobernar el *timeline* es gobernar la percepción de que estás gobernando el país, y en la era digital esas dos cosas a veces son indistinguibles.

Lo que une a esas cuatro campañas no es la ideología. Es el dominio de una variable que los libros de ciencia política todavía no saben cómo medir bien: la sintonía emocional con el estado de ánimo del electorado en el momento exacto en que el mensaje llega. El *feed* no es un canal de distribución. Es un estado de ánimo colectivo en tiempo real, y quien sabe leerlo tiene una ventaja que no aparece en ningún manual de campaña.

* * *

En 2013, la serie *Black Mirror* estrenó un episodio llamado *The Waldo Moment,* un personaje animado de comedia política que empieza como sátira y termina ganando elecciones porque el electorado prefiere su irreverencia a la autenticidad calculada de los políticos reales. En ese momento la crítica lo recibió como ciencia ficción oscura. Cuatro años después, con Trump en la Casa Blanca y Zelenski usando su capital de ficción televisiva para ganar la presidencia de Ucrania, *The Waldo Moment* parecía menos distopía que pronóstico.

Lo que el episodio intuía, y que investigadores de Stanford documentaron midiendo niveles de oxitocina en participantes expuestos a narrativas de pertenencia grupal, es que la tribu literalmente nos droga. Cada validación dentro del grupo como un *like,* un retuit o un comentario que confirma que estás del lado correcto, libera oxitocina. Y el algoritmo, que no sabe nada de oxitocina pero sabe perfectamente que ese ciclo mantiene a la gente en la plataforma, diseñó su mecánica de distribución para maximizar exactamente ese efecto. No por malicia, sino por optimización. La diferencia, a nivel de consecuencias, es irrelevante.

En política, eso significa que los líderes más efectivos en el ecosistema digital no son siempre los más racionales ni los mejor preparados. Son los que construyen narrativas que activan ese cóctel bioemocional: sentido compartido, cohesión identitaria, un adversario simbólico contra el que luchar. La fórmula es la misma que operaba en comunidades religiosas y grupos sectarios «tú tienes razón, no estás solo, ellos son el problema». Lo que antes ocurría en templos o reuniones cerradas, hoy ocurre en *timelines* y grupos de WhatsApp. Lo que antes se creía como fe, hoy se retuitea como certeza.

He visto ese mecanismo funcionar en campañas que no merecían ganar y no funcionar en campañas que sí lo merecían, y la variable que marcaba la diferencia casi nunca era el programa de gobierno. Era la capacidad del candidato de hacer sentir al votante que pertenecía a algo más grande que una opción electoral.

* * *

Hay una tensión que no desaparece con los años ni con la experiencia: cuánto del sistema usas y cuánto te usa a ti. El algoritmo no tiene ética. Premia lo que retiene y castiga lo que aburre, sin importar si lo que retiene es cierto o si lo que aburre es necesario. El estratega que opera en ese ecosistema tiene que tomar decisiones todos los días sobre qué lado de esa mecánica está dispuesto a explotar.

Lo que aprendí en Durango y en las campañas que vinieron después, es que la línea no está donde la mayoría cree. No es una línea entre verdad y mentira, ni entre emoción y argumento. Es una línea entre amplificar lo que es real en el electorado y fabricar lo que no lo es. El *post* de los duranguenses funcionó porque la identidad que activaba era genuina. La gente de Durango sí se reconoce como honesta, trabajadora y bien entrona. No inventamos eso. Lo nombramos. Y nombrarlo con las palabras correctas en el momento correcto hizo que el algoritmo trabajara para nosotros en lugar de que nosotros trabajáramos para el algoritmo.

La distinción de nombrar lo real versus fabricar lo inexistente es la que separa el diseño emocional de la manipulación. No siempre es una distinción cómoda de hacer. Hay momentos en que el camino más fácil es exagerar la amenaza, inflar al adversario, activar el miedo porque el miedo distribuye mejor que la esperanza. He estado en esos momentos. Y la pregunta que aprendí a hacerme no es si funciona, sino qué queda después de que funciona. Porque el electorado que movilizaste con miedo no es el mismo electorado que necesitas para gobernar. Y la conversación pública que destruiste para ganar una elección es la misma en la que tendrás que operar los siguientes cuatro años.

El algoritmo no vota. Pero decide quién se instala en la mente del votante. En ese terreno, el estratega que solo sabe incendiar eventualmente se queda sin ciudad.

«El algoritmo no tiene ideología. Sólo optimiza emociones. El trabajo del estratega es decidir cuáles.»

Capítulo 6.
La narrativa que vota

En 1960, un ejecutivo de Kodak llegó a la agencia de publicidad Sterling Cooper con un proyector de diapositivas que necesitaba un nombre. El aparato era técnicamente brillante: giraba las fotos en un carrusel continuo, sin interrupciones, pero la tecnología sola no vendía nada. Don Draper, el director creativo, escuchó la presentación técnica en silencio, tomó el proyector, proyectó fotos de la familia del ejecutivo como una boda, un hijo recién nacido, una Navidad y dijo algo que cambió el encuadre de la reunión entera: esto no es una rueda. Es una máquina del tiempo. Te lleva a un lugar donde sabes que eras amado.

Kodak no vendió un proyector esa tarde. Vendió la emoción que el proyector activaba. Y esa distinción entre describir lo que un producto hace y construir la emoción que hace posible que alguien lo desee es exactamente la diferencia entre una campaña que informa y una campaña que gana. Esto lo aprendí en la escena de la serie *Mad Men* que te acabo de describir, que aunque ficción, es muy ilustrativa para efectos de este capítulo.

La política moderna no compite por argumentos. Compite por identidades. No por lo que el candidato propone sino por lo que el votante se vuelve cuando lo elige. La papeleta no es una evaluación racional de plataformas, es una declaración de pertenencia. Una forma de decir en voz alta, o en silencio en la cabina, quién soy yo y a qué versión de este país quiero pertenecer. El estratega que no entiende eso lleva a su candidato a un debate de ideas en un país que está teniendo una conversación sobre identidades. Y pierde antes de abrir la boca.

* * *

Las grandes narrativas políticas no se inventan. Se reconocen. El cerebro humano lleva milenios procesando historias con las mismas estructuras; el héroe que construye, el redentor que repara, el rebelde que destruye para que algo nuevo sea posible y cuando un candidato encarna una de esas estructuras con autenticidad suficiente, el electorado no necesita que le expliquen nada. Reconoce el patrón y lo completa solo.

Ricardo Lagos en Chile encarnó al héroe técnico. No prometía revancha ni refundación, prometía competencia. En un país que salía de la sombra del autoritarismo y que necesitaba creer que la democracia podía administrar el futuro con seriedad, Lagos ofrecía orden, institucionalidad y proyección. Su fuerza no estaba en la épica sino en la confianza que genera quien sabe lo que hace. El progreso en su narrativa no era un grito de guerra. Era una ruta clara.

López Obrador construyó su arquetipo desde la herida. El redentor no busca avanzar sino reparar, viene a corregir una injusticia histórica, a saldar una deuda moral que se acumula durante décadas. Su narrativa no prometía eficiencia sino redención: el regreso del pueblo al poder, la restauración de un orden legítimo después de lo que él llamaba traición. Para el voto duro fue continuidad moral. Para el voto blando estaba la posibilidad de que esta vez fuera distinto. AMLO no ganó en 2018… llevaba ganando narrativamente desde 2006, acumulando el tipo de capital simbólico que solo se construye con tiempo y con derrota.

Bukele y Milei encarnan al rebelde, aunque en registros distintos. El rebelde no quiere arreglar el sistema ni redimirlo, quiere romperlo. Su narrativa es de catarsis, de rabia con dirección. Votarlo es decir «ya basta» en voz alta, es castigar al *establishment* con la única herramienta que el electorado tiene disponible. La estética del rebelde como el traje de *gamer* de Bukele y la motosierra de Milei no son decoración, son el código visual que activa el reconocimiento antes de que empiece el discurso.

El arquetipo correcto no se elige en una sala de estrategia. Se lee en el campo. El estratega que llega con el arquetipo bajo el brazo antes de escuchar al electorado no está leyendo el mapa, está imponiendo el suyo encima.

* * *

Una narrativa política empieza mucho antes de las palabras: comienza en la forma en que un país se reconoce a sí mismo. Toda historia que moviliza sigue un orden casi biológico: primero te reconoce, luego te explica y finalmente te da un ritual para pertenecer.

Lo primero es el reconocimiento. Una buena narrativa le dice al votante: esto eres tú. No el país ideal, no la versión aspiracional, el país real, con sus heridas específicas, su memoria específica, su orgullo específico. El trabajador que se sintió ignorado, la madre que perdió un hijo, el joven que nunca tuvo acceso a algo mejor. No se trata de enumerar sectores sociales en un discurso, se trata de reflejar algo que el electorado reconoce como propio antes de que termine la primera frase.

El segundo es la reconstrucción. El relato toma esas experiencias sueltas y las ordena en una trama con causa y consecuencia. Ya no es solo que te fue mal, hay un porqué y un para qué. Tu fracaso no es culpa tuya sino del sistema. Tu dolor no es individual sino colectivo. Esta fase convierte la pena en pertenencia. Lo que antes era vergüenza se vuelve causa común. Es ahí donde nace el nosotros y el nosotros, en política, es la unidad mínima del poder.

El tercero es la ritualización. Una narrativa sobrevive cuando se encarna en gestos, frases y símbolos que la gente puede practicar sin que nadie se los pida. El 24 de junio de 1995, Nelson Mandela apareció en el estadio Ellis Park de Johannesburgo con la camiseta número 6 de los Springboks que era el equipo de rugby que durante el apartheid había sido símbolo del dominio blanco que la mayoría negra del país había apoyado al adversario en cada partido durante décadas.

Mandela no pronunció un discurso sobre reconciliación nacional. Se puso una camiseta. Y ese gesto que duró segundos, que no requirió traducción, que cruzó cualquier barrera lingüística o educativa, consolidó una narrativa de reconciliación que ningún documento político habría podido construir. Los rituales no crean ideas nuevas. Consolidan las que el electorado ya siente pero que todavía no sabe cómo expresar.

* * *

El electorado no es un bloque uniforme al que le hablas con un solo mensaje y esperas el mismo resultado. Es un ecosistema emocional en movimiento constante, y cada segmento de ese ecosistema requiere un lenguaje distinto no porque haya que decir cosas distintas sino porque la misma idea resuena de manera diferente dependiendo del estado emocional desde el que se recibe.

El voto duro es el núcleo identitario. No necesita convencimiento, necesita mantenimiento. Su emoción rectora es la lealtad, y esa lealtad se alimenta de rituales de pertenencia: la frase que solo ellos comparten, el evento al que se sienten convocados, el símbolo que los distingue. El error con el voto duro no es perderlo, es darlo por garantizado y dejar de invertir en los gestos que lo confirman.

El voto blando es afecto con reservas. Ya creyó una vez y le fue mal, o creyó y las cosas no cambiaron tanto como esperaba, y ahora quiere creer de nuevo pero necesita una razón pequeña y verificable antes de comprometerse. No un discurso sino una obra. No una promesa sin cumplir, pero sí una que ya se cumplió.

El voto indeciso no busca ideología. Busca alivio. Es el votante que ya no le cree a nadie pero tampoco puede permitirse no votar, que llega a la cabina sin haber decidido y que en ese último segundo elige la cara que menos le da miedo, la frase que escuchó más veces esa semana, el candidato que alguien de confianza mencionó en una conversación que no tenía nada que ver con política. No sirven los argumentos abstractos, sirven los testimonios concretos de personas que se parecen a él, contados con el lenguaje de su barrio, de su sector, de su vida cotidiana.

El voto posible es la frontera más interesante del mapa. Son personas que comparten valores con el proyecto pero que todavía no han encontrado el puente que los cruce. El relato que los mueve no es el de la convicción, es el del tránsito: «yo pensaba como tú, pero llegué a ver esto de otra manera.» El testimonio del que ya cruzó vale más que cualquier argumento del que nunca estuvo al otro lado.

El voto imposible no es un enemigo que hay que convertir. Es un territorio que hay que neutralizar. La meta no es ganarlo, es quitarle intensidad, reducir la temperatura del rechazo para que no se convierta en movilizador del otro lado. Las narrativas de institucionalidad y respeto funcionan aquí no porque convenzan sino porque desinflan.

* * *

El 28 de agosto de 1963, Martin Luther King pronunció en el Lincoln Memorial el discurso que la historia recuerda como *I Have a Dream*. Lo que pocos analizan como un caso de arquitectura narrativa, es la estructura de la promesa central: King no describió lo que él o el movimiento iban a lograr. Describió quién iba a ser el votante cuando eso ocurriera. «Mis cuatro hijos pequeños vivirán en una nación donde no serán juzgados por el color de su piel sino por el contenido de su carácter.» La promesa no era un programa. Era una imagen del futuro lo suficientemente concreta y sensorial como para que el cerebro la procesara casi como un recuerdo algo que todavía no había ocurrido pero que ya se podía sentir. Y cuando la gente puede sentir el futuro, deja de evaluar la probabilidad de que ocurra y empieza a defenderlo como si ya fuera real.

En 2015, Lin-Manuel Miranda hizo algo narrativamente equivalente con Hamilton: tomó la historia de un padre fundador de Estados Unidos olvidado y la recontó con rap, con actores afroamericanos y latinos en los roles de Washington, Jefferson y Hamilton, en un momento en que el país debatía quién pertenecía a su narrativa nacional. No cambió ningún hecho histórico. Cambió el encuadre desde el cual esos hechos se leen. Y al hacerlo, reclamó la narrativa fundacional de Estados Unidos para audiencias que nunca se habían reconocido en ella. El resultado no fue solo un musical, fue un argumento cultural de que América también era de ellos. La narrativa más poderosa no inventa hé-

roes. Reclama los que ya existen para audiencias que nunca
habían sido invitadas a identificarse con ellos.

El votante no elige al candidato. Elige una versión de sí
mismo que el candidato hace posible. Obama no movilizó
a millones de votantes jóvenes y afroamericanos porque tuviera mejores propuestas que sus adversarios. Los movilizó
porque su sola existencia como candidato viable les decía
algo sobre quiénes podían ser ellos. La pregunta que mueve al electorado no es «¿qué va a hacer este candidato?» Es
«¿quién voy a ser yo si voto por él?»

* * *

En la República Dominicana, en 2020, un candidato
municipal llegó a la campaña con un eslogan de cambio:
#SePuede y una plataforma de servidor público. El diagnós-
tico de entrada era claro: enfrentaba a un adversario que tenía 167,000 seguidores en Facebook contra sus 6,800. Pero
la desventaja no era de números. Era de significado.

El adversario ya ocupaba el espacio narrativo dominante. El electorado sabía lo que él encarnaba como el ganador
establecido, la figura que ya había demostrado capacidad
de poder, el arquetipo del candidato que llega porque ya
sabe cómo funciona el sistema y sabe operarlo. Ese es un
arquetipo concreto, reconocible, que activa una respuesta
emocional clara en el votante: certeza.

El candidato entrante no tenía contraarquetipo. «Ser-
vidor/cambio» es lo que cualquier candidato dice cuando
todavía no ha decidido quién es. No describe una identidad sino una intención. Y una intención sin identidad no
le da al votante nada que defender, nada con lo que identificarse, nada qué contar en la sobremesa cuando alguien
le pregunta por qué va a votar por ese candidato. En el
ecosistema emocional del electorado, un espacio vacío no

permanece vacío, lo llena el arquetipo más cercano que encuentre disponible. Y el más cercano, en ese caso, era el del adversario.

Sin territorio narrativo propio, sin una respuesta clara a la pregunta de quién era él y qué representaba para ese electorado específico, el candidato hizo lo que hacen los candidatos sin identidad cuando la presión aumenta: se acercó al más fuerte. Terminó sumándose a la campaña del adversario. No perdió una elección. Perdió la pregunta de quién era y esa es la pérdida de la que es más difícil recuperarse, porque no aparece en ningún resultado electoral.

George Lakoff lo dijo con una claridad que todavía me parece la descripción más precisa de lo que ocurre en ese tipo de campaña: si aceptas el marco del adversario, pierdes antes de empezar. No porque tus argumentos sean peores. Porque estás jugando en su cancha, con sus reglas, con el encuadre que él construyó para que tú pierdas. El único movimiento que funciona no es refutar el marco, es construir uno nuevo desde el cual el electorado pueda procesar todo lo demás.

* * *

La narrativa que construyes en campaña es la estructura desde la cual el votante va a procesar todo lo que ocurra después como los errores, los logros, los ataques, las crisis. Si esa estructura es sólida, absorbe los golpes. Si es hueca, el primer escándalo la derrumba. Por eso el trabajo narrativo no termina el día de la elección.

El electorado que votó por el redentor espera redención. El que votó por el rebelde espera una ruptura. El que votó por el héroe técnico espera que funcione. Y cuando el gobierno que llega no corresponde con la narrativa que lo trajo, el resentimiento que se activa no es político, es personal. El votante no siente que lo engañaron con una propuesta. Siente que lo engañaron con una identidad. Y esa herida tarda más en cerrar que cualquier derrota electoral.

Por eso diseñar una narrativa no es solo un ejercicio técnico de comunicación. Es un acto con consecuencias que se extienden más allá de la noche de la elección. La narrativa basada en el miedo puede ser eficaz, pero deja una sociedad en alerta permanente. La que exacerba la rabia puede ganar una elección pero perder la gobernabilidad. Las emociones son poderosas pero no son inocentes, y cada elección narrativa merece una pregunta que incomoda hacerse cuando el equipo está en modo victoria: ¿qué tipo de país construye esta historia si se vuelve realidad?

Los estrategas no somos creativos *freelance* que entregamos un concepto y nos vamos. Somos arquitectos de significado colectivo. Y el arquitecto que construye sin pensar en lo que el edificio le hace a la ciudad que lo rodea no está ejerciendo su oficio. Está vandalizando con mejor presupuesto.

Capítulo 7.
La arquitectura del voto

«Una elección no se gana con ideas. Se gana con lo que construiste antes de tener la primera idea.»

En 1992, un documentalista llamado D. A. Pennebaker entró al cuartel general de la campaña de Bill Clinton y filmó lo que nadie había filmado antes: el cuarto de guerra. No el discurso, no el mitin, no el candidato frente a las cámaras sino la sala donde se tomaban las decisiones en tiempo real. James Carville respondiendo a crisis a medianoche, George Stephanopoulos monitoreando los noticieros con tres televisores encendidos simultáneamente, y pegada en la pared, escrita a mano en letras grandes, la frase que Carville había puesto como ancla narrativa para que nadie en el equipo perdiera el hilo: *It's the economy, stupid.* No era un eslogan para el votante. Era una brújula para el equipo y un recordatorio constante de que en una campaña saturada de estímulos, de crisis, de tentaciones de responder a todo, la disciplina narrativa es la variable que decide.

Lo que Pennebaker filmó no era una improvisación creativa. Era arquitectura en tiempo real. Cada decisión del cuarto de guerra como qué responder, qué ignorar, cuándo hablar y cuándo callar, descansaba sobre una estructura narrativa que el equipo había construido antes de que empezara la campaña y que usaba como filtro para cada situación nueva. Un mensaje que reforzaba la economía pasaba. Uno que desviaba la atención hacia otro terreno, no importa cuán urgente pareciera, se descartaba. La disciplina de esa estructura, mantenida durante meses bajo presión constante, fue lo que convirtió a un gobernador de Arkansas relativamente desconocido en presidente de Estados Unidos.

Eso es lo que este capítulo intenta describir: no las tácticas aisladas ni los mensajes individuales, sino la estructura que los contiene a todos y que hace que cada pieza funcione en relación con las demás. Una campaña sin arquitectura es una serie de ocurrencias. Una campaña con arquitectura es un sistema donde cada decisión, grande o pequeña, refuerza la misma estructura emocional desde distintos ángulos.

* * *

En 2010, Christopher Nolan estrenó *Inception* con una premisa que cualquier estratega político debería haber visto como manual de operaciones: la idea más poderosa no es la que se impone desde afuera. Es la que el sujeto cree haber descubierto por sí mismo. El personaje de Leonardo DiCaprio no entra a la mente del objetivo para gritarle una instrucción, entra para plantar una semilla lo suficientemente pequeña y lo suficientemente real como para que el cerebro del otro la riegue solo, la desarrolle solo, y al final la defienda como si fuera propia. «Si les robamos una idea, lo sabrán. Pero si la idea parece suya...»

Una campaña bien diseñada opera con la misma lógica. El objetivo no es convencer al votante de algo que no cree, es activar algo que ya está ahí, latente, esperando un nombre, un encuadre, una frase que le dé forma. El candidato no impone una narrativa: la hace visible. Y cuando el votante la encuentra, no siente que lo convencieron, siente que por fin alguien dijo lo que él ya sabía. Esa es la diferencia entre un mensaje que genera adhesión y uno que genera resistencia. El primero parece un descubrimiento. El segundo parece publicidad.

Para que eso ocurra, la campaña necesita dos cosas antes de emitir un solo mensaje: saber qué está sintiendo el electorado que todavía no tiene nombre y saber qué está preparando el adversario para interferir con esa emoción antes de que la campaña pueda capitalizarla. Un ojo mirando hacia adentro. Otro mirando hacia la sombra donde opera el adversario.

* * *

En la Segunda Guerra Mundial, los servicios de inteligencia británicos construyeron lo que llamaron el Black Propaganda File: una recopilación sistemática de rumores, conversaciones captadas en cafés, cartas interceptadas, murmullos de soldados en ferrocarriles. No era inteligencia militar convencional. Era inteligencia emocional del adversario: un mapa de lo que los alemanes sentían, dudaban, temían y querían creer. Con ese mapa, los británicos diseñaron operaciones de desinformación que no refutaban la propaganda nazi sino que amplificaban las grietas que ya existían adentro de ella. Ganaron batallas narrativas antes de que se disparara un solo tiro porque sabían lo que el adversario estaba pensando antes de que el adversario lo supiera claramente.

En campaña, el equivalente es el monitoreo sistemático de todo lo que el adversario tiene disponible para usar y de todo lo que la propia campaña tiene expuesto. En una elección que trabajé, el equipo de inteligencia detectó dos operaciones simultáneas antes de que escalaran. La primera: el adversario había creado una página falsa en Facebook con el mismo nombre del candidato, publicando contenido diseñado para desprestigiarlo. La detección fue suficientemente temprana como para activar un protocolo de reportes masivos coordinados que llevó a la eliminación de la página antes de que tuviera masa crítica de seguidores. La segunda operación era más sutil y más peligrosa: el adversario había identificado material personal antiguo en la cuenta de Twitter del candidato como publicaciones de años atrás fuera de contexto, que podían convertirse en munición en el momento correcto de la campaña. El equipo no esperó el ataque. Recomendó crear una cuenta nueva desde cero y eliminar el historial antes de que alguien lo encontrara.

Esas dos decisiones, una reactiva y una preventiva, no aparecen en ningún resultado electoral. No generan un titular ni un número que pueda citarse en una evaluación de campaña. Pero ambas quitaron del tablero dos variables que habrían cambiado la dinámica de las últimas semanas. El archivo negro no es un instrumento ofensivo. Es el que te permite jugar en el terreno que elegiste en lugar de responder en el terreno que eligió el adversario.

* * *

En Nuevo Laredo, la encuesta de campo llegó con un número que cualquier equipo de campaña tradicional habría archivado como obstáculo insalvable: el 53,3% del electorado declaró que nunca votaría por el PRI. El candidato era del PRI. La reacción obvia y equivocada habría sido diseñar una campaña de rehabilitación del partido, o ignorar el dato y apostar a la base dura. Ninguna de las dos opciones funcionaba. La primera pedía al electorado que cambiara una convicción emocional consolidada durante años. La segunda dejaba el 53,3% completamente fuera del alcance.

Lo que el radar detectó no estaba en la pregunta de la encuesta. Estaba en el comportamiento del contenido digital. Cada vez que el candidato aparecía con los colores del partido, el alcance orgánico de las publicaciones se hundía. Cada vez que aparecía solo sin logotipo, sin colores, sin referencia explícita al PRI, con Nuevo Laredo como contexto visual y narrativo, el rendimiento subía. La diferencia no era marginal: el contenido sin partido rendía un 2,385% mejor que el contenido con partido. No era una tendencia. Era una instrucción.

La narrativa ganadora no era «candidato del PRI que merece una oportunidad.» Era «ciudadano de Nuevo Laredo que conoce la ciudad, que vive en ella, que es uno de los suyos y que además es candidato». El partido no desapareció del discurso legal ni de los materiales formales. Desapareció del encuadre emocional. Y esa distinción entre lo que la ley exige declarar y lo que la narrativa elige enfatizar fue la que abrió el acceso al electorado que el número de la encuesta marcaba como inaccesible.

Como ejemplo, Billy Beane, el gerente general de los Oakland Athletics que Moneyball inmortalizó, construyó un equipo ganador con el presupuesto más bajo de la liga no porque tuviera más datos que sus adversarios sino porque medía algo que ellos no miraban: el porcentaje de base, no el promedio de bateo. El número que todos ignoraban porque no era el número tradicional resultó ser el que predecía victorias con más precisión que cualquier otro. En Nuevo Laredo, el número que todos habrían ignorado que era la caída de rendimiento cuando aparecían los colores del partido, fue exactamente ese: el dato que nadie más estaba midiendo porque nadie más había pensado en medirlo.

* * *

El 12 de marzo de 1933, ocho días después de asumir la presidencia en medio de la peor crisis económica de la historia estadounidense, Franklin Roosevelt se sentó frente a un micrófono de radio y habló durante veinte minutos. No habló como presidente. Habló como vecino. Explicó con palabras simples cómo funcionaba un banco, por qué era seguro volver a depositar y qué estaba haciendo el gobierno para estabilizar el sistema. La transmisión llegó a más de sesenta millones de personas en sus propias casas, en sus propias salas, mientras cenaban o después de acostar a los hijos. Lo llamaron *Fireside Chat* o conversación junto al fuego, porque el formato activaba el contexto emocional de la intimidad, no de la autoridad.

Roosevelt no eligió la radio porque fuera el medio más grande. La eligió porque era el medio que activaba el estado emocional correcto. Una declaración presidencial en un periódico generaba distancia institucional. Una voz en la sala de la casa generaba confianza cercana. El canal no distribuía el mensaje, lo transformaba. Y lo transformaba exactamente en la dirección que la narrativa necesitaba: de crisis a calma, de pánico a certeza, de «el sistema colapsa» a «hay alguien que sabe lo que hace».

Obama en 2008 no entrenó a cientos de miles de voluntarios para que distribuyeran el mismo *spot*. Los entrenó para que cada uno comunicara desde sus propios códigos culturales, con sus propias palabras, a sus propias redes. El mensaje central era el mismo. La cadena de transmisión era infinitamente diversa. El resultado fue que el electorado no recibía publicidad sino que recibía la opinión de alguien en quien confiaba. Lo viral no es el video que explota. Es el mensaje que el votante quiere repetir con orgullo porque al hacerlo dice algo sobre quién es él.

* * *

En una campaña en América Latina en 2022, circuló un rumor de enriquecimiento ilícito. No era verdad. Tampoco era tan falso como para ignorarlo, tenía suficientes elementos de verosimilitud como para que el electorado lo procesara como plausible si no llegaba rápido una versión alternativa. El equipo aplicó una secuencia que en ese momento todavía no tenía nombre formal pero que desde entonces uso con el mismo protocolo en cada campaña: diez minutos para detectar el hecho y decidir si merece respuesta, porque no todo rumor merece ser amplificado con una reacción pública. Treinta minutos para construir el relato alternativo o el contexto que reduce la ambigüedad del rumor original. Ciento veinte minutos para activar la red de amplificación y asegurarse de que la versión del equipo ya está circulando antes de que el rumor tenga tiempo de sedimentarse como verdad percibida.

En ese caso: fuente validada en veinte minutos, aclaración publicada en tono humano y no defensivo, no técnico en cuarenta minutos, y antes de las dos horas la versión del equipo ya se replicaba en medios y voceros. El rumor no se neutralizó porque fuera refutado con datos. Se neutralizó porque cuando llegaba a alguien nuevo, ya había otra versión instalada antes que él y un rumor que llega tarde a un electorado que ya tiene una historia no tiene a quién infectar.

El rumor crece donde duele y donde no hay claridad, esa es la ley que Allport y Postman documentaron en 1947 estudiando la propagación de rumores en tiempos de guerra, y que en campaña se traduce en algo muy concreto: la operación real no es demostrar que el rumor es falso. Es reducir la ambigüedad antes de que el cerebro del electorado llene ese espacio vacío con la interpretación más dramática disponible. Cada minuto que la campaña no ocupa con una versión, el rumor lo ocupa con imaginación. El tiempo en una crisis narrativa no es logístico. Es narrativo.

* * *

Hay una pregunta que me hacen con frecuencia al final de los procesos: ¿cuál fue la decisión que ganó la elección? Y casi nunca puedo señalar una sola cosa. Lo que gana elecciones no es el mejor *spot* ni el discurso más memorable ni el momento viral que todo el mundo compartió. Lo que gana es la acumulación de decisiones correctas que nadie ve: la página falsa que se eliminó antes de tener seguidores, los colores de partido que no aparecieron en el contenido que llegó al 53.3%, el rumor que se neutralizó a los cuarenta minutos, el voluntario que repitió el mensaje con sus propias palabras a alguien que no habría visto el *spot* oficial.

El archivo negro, el radar narrativo, la cadena de amplificación y el protocolo de crisis no son cuatro herramientas separadas. Son los cuatro planos del mismo edificio, y un edificio con tres planos bien dibujados y uno ignorado no se sostiene. Lo que detectaste en la sombra protege lo que construiste en la luz. Lo que mediste en el electorado antes de hablar hace que cuando hablas, el votante sienta que ya lo conocías.

Lo que distingue al estratega del creativo no es el talento para generar ideas, los creativos buenos tienen más ideas que los estrategas. Es la disciplina para construir una estructura que contenga esas ideas, las ordene en el tiempo correcto y las conecte entre sí de manera que cada pieza refuerce la siguiente. El creativo emociona. El arquitecto estructura esa emoción. Y cuando la emoción está bien construida, se vuelve difícil de desestabilizar, no porque tenga la mejor lógica sino porque se siente cierta. Como una casa cuya solidez no se ve desde afuera pero se intuye desde adentro desde el primer momento en que entras.

Capítulo 8.
La ciencia y la intuición

«El estratega no predice: descifra.»

En febrero de 1848, París llevaba semanas en ebullición. Las barricadas crecían, el régimen de Luis Felipe se desmoronaba, y en el gobierno provisional que emergió del caos había un personaje improbable: Alphonse de Lamartine, poeta, no político, que había llegado al poder por azar de la historia y que enfrentaba una decisión que los burócratas a su alrededor querían resolver con datos. Los partes policiales indicaban riesgo alto. Los informes de inteligencia decían peligro inminente. Todos los instrumentos disponibles señalaban en la misma dirección: contención, represión, fuerza.

Lamartine salió a la calle. Solo, sin escolta, sin protocolo. Caminó entre los manifestantes, escuchó el tono de las conversaciones, leyó el cuerpo de la multitud para observar si era rabia o era miedo, si era convicción o era desesperación. No convocó. No reprimió. Habló. Y aunque el régimen no se salvó, evitó una masacre. Ganó tiempo. Contuvo la furia con algo que ningún parte policial le había dado: una lectura directa del clima emocional que los datos describían pero no explicaban.

Lo que Lamartine hizo no fue ignorar la información dura. Fue entender que la información dura le decía qué estaba pasando pero no le decía por qué, ni le daba el matiz que decide la diferencia entre una multitud que puede ser calmada y una que ya cruzó el punto de no retorno. Esa distinción entre el dato que mide y la lectura que interpreta es la competencia central del estratega. Y es la más difícil de enseñar porque no vive en ningún instrumento. Vive en el momento donde el *tracking* sube, el equipo celebra, y algo en tu percepción dice que la calle no confirma lo que dice la pantalla y tienes que decidir a cuál de los dos creerle.

* * *

Una encuesta es una fotografía emocional de un momento específico. Valiosa, indispensable, pero limitada de una manera que los estrategas suelen descubrir de la peor forma posible: cuando los números dicen una cosa y la realidad dice otra, y el equipo ya tomó decisiones irreversibles basado en los números.

En Jalisco en 2018, trabajé en una campaña con un candidato en tercer lugar con 16%. El instinto natural de cualquier consultor al ver esos números es activar contraste: atacar al líder, diferenciarse, generar ruido. Eso dicta la lógica de campaña cuando el tiempo se acaba y la brecha es grande. El instinto gritaba que había que hacer algo dramático.

Los datos decían otra cosa. Entre quienes conocían al candidato, el 56% tenía opinión positiva. Solo el 5% negativa. El problema no era de imagen, era de escala. El 66% del electorado simplemente no sabía quién era. Activar contraste antes de construir conocimiento es un error de secuencia: le disparas a un universo que no sabe a quién le estás disparando. El ruido llega a gente que no tiene referencia del candidato para procesar el contraste, y lo que debía ser diferenciación se convierte en la presentación de un desconocido que ataca a alguien que el electorado ya conoce. Los datos tenían razón. Lo que parecía urgente era exactamente lo que no había que hacer todavía.

Eso es lo que la encuesta puede ver con claridad cuando se lee correctamente: el diagnóstico del problema. Lo que no puede ver es el terreno donde pelear. Para eso hace falta otra cosa.

* * *

En la BBC, Sherlock Holmes no deduce más que el Inspector Lestrade porque tiene más información. Tiene la misma escena, los mismos indicios, el mismo cuerpo en el mismo cuarto. Deduce más rápido porque reconoce patrones que Lestrade no aprendió a ver todavía como la callosidad en el dedo índice que dice músico, el bronceado que llega hasta la muñeca y no más allá que dice militar, el ángulo de la herida que dice zurdo. No es inteligencia superior. Es una biblioteca de patrones acumulada en miles de horas de observación que el cerebro consulta en fracciones de segundo sin pedir permiso.

La intuición del estratega político funciona exactamente así. No es inspiración ni corazonada, es el resultado de haber estado en suficientes campañas, haber cometido suficientes errores, haber visto suficientes momentos donde una señal débil precedió a un movimiento que los datos tardaron semanas en confirmar. El cambio sutil en la forma de aplaudir en los mítines. Los silencios más largos en entrevistas locales. El brigadista que regresa con cara de que algo no cuadra pero no sabe exactamente qué. El audio que circula en WhatsApp con un reproche que todavía no tiene nombre pero que ya tiene cuerpo.

Guardiola, cuando llegó al Manchester City en 2016, dedicó las primeras semanas de entrenamiento no a la táctica sino a la percepción. Ejercicios donde los jugadores tenían que identificar espacios antes de que existieran, leer el movimiento del rival antes de que ocurriera, anticipar en lugar de reaccionar. Lo que parecía filosofía era entrenamiento sistemático de intuición táctica, la misma capacidad que Lamartine ejerció en las calles de París y que Lestrade nunca desarrolló porque nunca la practicó deliberadamente.

La intuición no es un don. Es una memoria de patrones comprimida en reflejo. Lestrade nunca la desarrolló porque ningún manual de Scotland Yard le podía dar lo que solo dan los años de estar en el cuarto equivocándose y recordando exactamente cómo se sintió cuando tenía razón.

* * *

En Chilpancingo en 2020-2021, los datos de entrada de la campaña eran brutales. El candidato tenía 4,638 seguidores en redes. Sus rivales principales tenían 31,865 y 23,728. La lógica numérica es implacable con ese tipo de brecha: no se cierra, especialmente con presupuesto mínimo. Los datos no mentían. Iban perdiendo el campo digital de manera objetiva y medible.

La intuición no dijo que los datos estaban equivocados. Dijo que la pregunta estaba mal formulada. La pregunta equivocada era: ¿cómo cerramos el *gap* de seguidores? La pregunta correcta era: ¿en qué terreno podemos ganar que ellos no estén defendiendo?

La respuesta fue no pelear en el terreno donde el adversario tenía ventaja estructural. En lugar de intentar construir la cuenta oficial del candidato hasta niveles competitivos, una tarea imposible con ese presupuesto y ese tiempo, construimos un ecosistema de cuentas satélite: la esposa, cinco *outlets* temáticos, treinta embajadores, doscientas diecinueve acciones diarias.

El candidato no ganaba seguidores propios. Ganaba territorio narrativo que sus adversarios no habían pensado en defender porque estaban mirando la métrica equivocada. Resultado: $1,750 dólares en total, crecimiento a más de 7,000 seguidores propios, encuesta ganada replicada en nota periodística.

El patrón que emerge de Jalisco y Chilpancingo juntos es el mapa de cuándo confiar en cada cosa: los datos son más confiables para diagnosticar el problema. La intuición es más confiable para identificar el terreno donde pelear. Jalisco tenía un problema de escala donde los datos lo veían con claridad y el instinto quería ignorarlos. Chilpancingo tenía un problema de recursos en el que los datos describían la trampa pero no mostraban la salida. La intuición encontró el atajo que los datos no podían señalar porque nadie había pensado en medirlo.

* * *

Hay información que el electorado no te da voluntariamente. No porque mienta sino porque su grupo social lo sancionaría si lo admitiera, y el costo de la honestidad supera el beneficio de expresarla. El voto oculto vive exactamente ahí: en el espacio donde la presión de pertenencia supera la expresión honesta de preferencia. Y los instrumentos convencionales de medición, que dependen de que la gente diga lo que siente, tienen un punto ciego exactamente ahí.

La pregunta que más información me ha dado en trabajo de campo no es «¿por quién va a votar?» Es «¿qué te da pena admitir que te gusta de este candidato?» Esa inversión de preguntar por la vergüenza en lugar de por la preferencia, desactiva el filtro social y abre el espacio donde vive el voto real. La respuesta a esa pregunta casi siempre anticipa con más precisión el resultado final que cualquier intención de voto declarada.

Los cánticos en un mitin dicen más que el conteo de asistentes. La convicción no se mide por sillas llenas, se mide por coros sostenidos, por gente que sigue cantando después de que el candidato paró, por el momento en que la multitud se convierte en algo que ya no necesita que nadie la dirija. El meme político no es decoración de campaña: es el termómetro más preciso de lo que el electorado piensa pero no se atreve a decir en público. Lo que se convierte en chiste compartido revela la presión social acumulada que ninguna encuesta formal puede capturar.

El estratega que solo lee *dashboards* está leyendo lo que la gente decidió que era seguro reportar. El que también escucha los cánticos, lee los memes y hace la pregunta incómoda está leyendo lo que la gente realmente siente. La diferencia entre esas dos lecturas, a veces, es la diferencia entre creer que vas ganando y saber que ya ganaste o entre creer que vas ganando y llegar al cuarto de guerra la noche de la elección a esperar una victoria que no llega.

* * *

En 1988, la campaña del «No» en Chile enfrentó una decisión que todos los datos de la época habrían resuelto de la misma manera: mostrar el horror. Documentar las violaciones a los derechos humanos, los desaparecidos y las torturas. El electorado necesitaba recordar lo que Pinochet había hecho o eso decía la lógica, eso confirmaban los *focus groups*, eso era lo que el consenso de los asesores recomendaba.

La intuición del equipo creativo dijo otra cosa: el electorado ya sabía el horror. Lo sabía en el cuerpo, en la familia, en la memoria. Lo que le faltaba era permiso para imaginar que otra cosa era posible. La campaña que venció a Pinochet no documentó el pasado. Apostó por la alegría.

«La alegría ya viene» en lugar de «nunca más». Futuro en lugar de memoria. Color en lugar de testimonio. Fue la decisión más contraintuitiva de la historia reciente del marketing político, y funcionó exactamente porque corría contra el consenso de los instrumentos.

Esa capacidad de comprometerse con una hipótesis antes de que los datos la confirmen, basado en una lectura del estado emocional del electorado que ningún instrumento puede hacer explícita, es lo que separa al estratega del analista. El analista espera confirmación. El estratega actúa con la mejor lectura disponible y documenta el resultado para la próxima vez.

El *premortem* obliga a imaginar que la campaña ya fracasó antes de lanzar la decisión, y a listar las razones posibles. Es una vacuna contra la soberbia estratégica. El *postmortem* documenta qué señal fue ignorada cuando el error ya ocurrió. Juntos construyen lo que he aprendido a llamar cicatriz cognitiva: la memoria de fallos transformada en criterio. No es lo que te pasó. Es lo que hiciste con lo que te pasó. Y la diferencia entre un estratega que lleva veinte campañas y uno que lleva una campaña veinte veces es exactamente esa: el primero tiene cicatrices. El segundo tiene costumbres.

* * *

El estratega no predice. Interpreta. Traduce murmullos en mapas, gestos en hipótesis, silencios en decisiones. No impone lecturas, más bien las descifra. Sabe cuándo el dato miente por omisión y cuándo la emoción anticipa lo inevitable. No busca certezas absolutas porque en política las certezas absolutas llegan después de que ya no sirven para nada. Busca ventaja temporal: llegar antes a la conclusión correcta que el adversario, con información incompleta, bajo presión, en el momento donde la decisión todavía importa.

Los datos diagnostican el problema. La intuición identifica el terreno donde pelear. La combinación de los dos que es saber cuál escuchar en cada momento, es la competencia que no aparece en ningún curso de estrategia política porque no se puede enseñar directamente. Solo se puede cultivar: con exposición deliberada a situaciones donde ambos hablan, con la disciplina de documentar cuándo uno tenía razón y el otro estaba equivocado, y con la honestidad de admitir que a veces el instinto quiere lo dramático cuando los datos piden lo paciente.

La política no se gana con información perfecta. Se gana con lucidez aplicada en el momento correcto. Con la capacidad de unir ciencia y sensibilidad cuando el reloj corre, el equipo tiene miedo y la encuesta dice una cosa mientras la calle susurra otra. Cuando dato e intuición coinciden, se actúa sin titubeo. Cuando divergen, se experimenta sin orgullo, se documenta sin vergüenza, y se aprende sin nostalgia.

Porque al final, las campañas no las ganan quienes saben más. Las ganan quienes las leen mejor.

«El estratega no predice. Descifra. Y la diferencia entre los dos es lo que separa ganar de haber tenido razón.»

Capítulo 9.
La emoción del poder

«El voto no se piensa. Se siente. Porque el poder, antes que gobernarse, se experimenta.»

En *The Crown*, hay una escena donde un asesor le explica a la reina Isabel que su poder no reside en lo que dice sino en lo que no hace. Que el silencio de la corona pesa más que cualquier declaración, que la autoridad que se justifica ya perdió la mitad de su fuerza, que el cuerpo que ocupa un espacio sin necesitar explicarse genera más deferencia que el discurso más elaborado. Isabel escucha, asiente, y entiende algo que ningún manual de protocolo le había enseñado: el poder no se anuncia. Se proyecta. Y la proyección no ocurre en las palabras, ocurre en la postura, en el ritmo de la entrada a un cuarto, en la distancia que el cuerpo decide mantener o colapsar.

En campaña ocurre exactamente lo mismo. Un candidato puede tener el mejor diagnóstico del país, la propuesta más sólida, el equipo más preparado y aun así perder en los primeros treinta segundos de presencia, antes de decir una sola palabra, porque su cuerpo comunica inseguridad, apresuramiento o necesidad de aprobación. El electorado no procesa esa información conscientemente. La procesa como sensación: algo no cuadra, algo no convence, algo en esa presencia no genera la respuesta automática de confianza que el cerebro busca cuando evalúa a alguien para entregarle poder.

El primer discurso de cualquier candidato no es el que pronuncia en el mitin de lanzamiento. Es el que su cuerpo pronuncia cuando entra al recinto. Y ese discurso no se escribe, se diseña, se entrena, se construye con la misma deliberación con que se construye cualquier otra parte de la campaña. El estratega que ignora esa dimensión está ignorando el primer contacto que el electorado tiene con el candidato y el primer contacto no se repite.

* * *

El votante no busca al candidato más lógico. Busca al que le permite creer con dignidad y conservar su mundo emocional intacto. Necesita esperanza pero teme ser ingenuo. Necesita certeza pero sabe que no existe. Y en esa tensión entre el deseo de entregarse y el miedo a equivocarse otra vez, elige al candidato que resuelve la contradicción de la manera más eficiente: no con argumentos sino con un relato que le devuelva el orden al caos y le dé un lugar en la historia.

El Brexit no fue un voto por aranceles ni por política migratoria técnica. Fue un voto por soberanía emocional y por la sensación de que algo que había sido propio se había perdido y podía recuperarse. *Take Back Control* no describía una política. Describía un sentimiento. Trump no presentó un plan de acción estructurado. Presentó una restauración simbólica: *Make America Great Again* no prometía un futuro diferente sino un pasado recuperado, y el cerebro del electorado que necesitaba ese relato no le pidió detalles de implementación. Le pidió permiso para creer. Y él lo dio.

El error del estratega técnico es asumir que el votante necesita que le demuestren la propuesta. El votante necesita que le demuestren que el candidato entiende su dolor.

Una vez establecido ese vínculo, la propuesta se convierte en el soporte racional de una decisión que ya se tomó emocionalmente. Sin el vínculo, la propuesta más sólida del mundo flota sin destinatario, porque nadie está escuchando a alguien en quien no confía todavía.

* * *

En toda campaña hay una pregunta que el equipo tiene que responder antes de diseñar cualquier mensaje: qué emoción domina el campo político en este momento, ¿el miedo o la esperanza? No como juicio de valor sino como diagnóstico clínico. Porque los dos motores del poder requieren estrategias opuestas, y confundirlos es uno de los errores más costosos que puede cometer un equipo.

Roosevelt en 1933 lo entendió con gran precisión. Estados Unidos no necesitaba un plan técnico de recuperación económica, necesitaba que alguien le dijera que el miedo no iba a durar para siempre. «Lo único que debemos temer es al miedo mismo» no era una frase de campaña. Era un diagnóstico del estado emocional del país y una instrucción para procesarlo. El *New Deal* fue el contenedor narrativo que convirtió esa instrucción en política. Pero la política vino después de la emoción, no antes.

En Chilpancingo en 2020, el diagnóstico fue diferente. El electorado no necesitaba esperanza, necesitaba ver que alguien podía ganar en un terreno donde el adversario parecía invencible. La emoción dominante no era miedo ni esperanza: era resignación. Y la resignación no se combate con discurso inspirador ni con narrativa de amenaza. Se combate con demostración. Cada acción del ecosistema de cuentas satélite, cada una de las 219 acciones diarias, era una demostración de que el terreno podía cambiarse. No prometíamos victoria, mostrábamos movimiento. Y el movimiento, en un electorado resignado, es el equivalente funcional de la esperanza.

Antes de diseñar cualquier *storytelling* hay que diagnosticar el clima emocional con la misma precisión con que se diagnostica un enfermo. Si hay desorden, la promesa más eficaz es la estructura. Si hay desilusión, es una posibilidad. Si hay vergüenza, es dignidad. El error no es elegir el motor equivocado, es no preguntar cuál hace falta antes de encender el motor.

* * *

En 1974, Frank Sinatra regresó al Madison Square Garden después de dos años de retiro. No lo anunció como un regreso. Lo anunció como *The Main Event*, el acontecimiento principal. Una sola decisión de nomenclatura que convirtió su reaparición en algo que el público no podía no presenciar. No prometió el mejor concierto de su carrera. Hizo que el concierto fuera inevitable antes de que empezara la primera nota.

Esa distinción entre anunciar y hacer inevitable, es la diferencia entre una candidatura que pide consideración y una que genera gravedad propia. Los candidatos que ganan no son siempre los mejores. Son los que logran que el electorado sienta que elegirlos es la conclusión natural de un proceso que ya estaba en marcha, que votar por ellos no es una decisión activa sino el reconocimiento de algo que ya era verdad. La inevitabilidad no se declara, se construye con coherencia acumulada entre lo que el candidato dice, lo que hace, cómo se mueve, con quién aparece y qué silencia.

La estética es parte de esa construcción. No como decoración sino como lenguaje. El color que el candidato usa en un acto específico, el espacio donde elige dar una declaración, el momento donde decide no hablar… todo eso suma a la gramática emocional que el electorado procesa sin darse cuenta. Cuando esa gramática es coherente a lo largo de meses, el candidato deja de ser una persona evaluable y se convierte en una atmósfera familiar. Y lo familiar, en política, tiende a volverse inevitable.

* * *

El poder más duradero no se impone. Se refleja. El líder que gana no es el que convence al electorado de algo que no sentía, es el que hace visible lo que el electorado ya sentía y no tenía palabras para nombrar. Perón no inventó la épica obrera argentina. La encontró, la nombró y la convirtió en arquitectura política. Thatcher no creó el hartazgo con el Estado de bienestar británico. Lo encarnó con una claridad que nadie en su entorno político se había atrevido a encarnar. Gandhi no fabricó la dignidad del pueblo indio. La reflejó con tanta nitidez que millones reconocieron en él algo que ya llevaban dentro y que la ocupación había enterrado.

Zelensky es el caso más reciente y más claro. Cuando Rusia invadió Ucrania en 2022 y le ofrecieron evacuación, respondió con una frase que no fue retórica sino espejo: «Necesito municiones, no un viaje.» En ese momento no estaba liderando al pueblo ucraniano, se estaba convirtiendo en su reflejo exacto. Su cuerpo, su lenguaje, su decisión de quedarse, decían lo que millones de ucranianos querían que alguien dijera con autoridad suficiente para que fuera real.

Nixon en 1974 demostró el mecanismo inverso. Cuando el poder que el electorado le había entregado se derrumbó en televisión en tiempo real, la voz, los ojos, las manos y el cuerpo de un hombre que ya no podía sostener el espejo, lo que el electorado vio no fue a un político cayendo. Se vio a sí mismo habiendo elegido mal. Y ese momento de reconocimiento fue más devastador que cualquier cargo formal. Cuando el espejo muestra lo que el pueblo no quiere ser, el poder colapsa antes de que caiga el líder.

* * *

Hay un momento en toda campaña que ningún manual describe porque no tiene métricas. Ocurre generalmente de noche, cerca del final del proceso, cuando el equipo lleva semanas funcionando con cuatro horas de sueño y el cuarto de guerra huele a café recalentado y a la tensión específica de saber que las decisiones que tomaste ya no se pueden deshacer y solo queda esperar.

En ese momento, el análisis no alcanza. Las pantallas muestran números que ya procesaste cien veces. Los instrumentos han dicho lo que pueden decir. Y lo que queda, lo único que queda, es una lectura que no viene de ningún *dashboard* sino de la acumulación de todo lo que viste, escuchaste y te equivocaste durante meses. El ritmo de los mensajes que llegaban a las tres de la mañana. El brigadista que regresó con una cara que no cuadraba con los números. El audio que circuló en dos grupos de WhatsApp con el mismo reproche formulado de maneras distintas por personas que no se conocían. El momento en el mitin donde el candidato hizo una pausa que no estaba en el guión y la multitud se quedó en silencio de una manera que se sentía diferente a todos los silencios anteriores.

Eso es la emoción del poder: no la euforia de la victoria ni el peso de la derrota, sino ese instante previo donde el arquitecto sabe, sin poder demostrarlo todavía, que lo que construyó va a sostenerse o va a colapsar. Y en ese instante, lo que lo sostiene a él no es la certeza. Es la disciplina de haber construido con honestidad, de haber leído el clima en lugar de imponerle una narrativa, de haber diseñado una estructura que reflejara algo real en el electorado en lugar de fabricar algo que pareciera real.

Los estrategas que duran no son los que nunca se equivocan. Son los que aprendieron a leer ese momento con suficiente precisión como para saber cuándo confiar en los datos y cuándo confiar en la percepción. Y esa lectura, esa capacidad de estar en el cuarto cuando todo está en juego y decidir a cuál de los dos creerle, es lo que este libro intentó describir desde la primera página.

* * *

El voto no nace de la razón. Nace del alivio. De la sensación al tachar una boleta o presionar una pantalla, de que el caos que rodeaba esa decisión finalmente tiene una dirección. Que el miedo tiene un nombre al que puede oponerse. Que la esperanza tiene un rostro al que puede entregarse. Que la historia que el candidato ofreció durante meses es lo suficientemente coherente con la experiencia cotidiana del votante como para merecer esa entrega.

El alivio es un acto profundamente humano. Es lo que siente el votante que durante semanas escuchó a su familia discutir en la sobremesa, que evitó el tema con compañeros de trabajo para no pelear, que llegó a la cabina cargando todo eso y que al salir, por primera vez en meses, siente que tomó una decisión propia.

Todo eso converge en una papeleta. En un momento privado donde nadie puede ver lo que el votante siente, y donde lo que siente es más determinante que cualquier argumento que haya escuchado.

El estratega que lo entiende deja de competir por la atención del electorado y empieza a construir el tipo de confianza que hace que el alivio, cuando llega, tenga un solo destino posible. No se trata de manipular. Se trata de merecer.

Epílogo

La ciencia del poder, la emoción del voto

Cada elección es un espejo emocional que refleja la atmósfera íntima de un país. En el acto de votar, una sociedad no solo decide a quién darle el poder, decide qué emoción necesita sentir para atravesar el momento que vive. El miedo, la esperanza, la rabia, el deseo de cambio: todo eso se encapsula en una papeleta como si el sufragio fuera el mecanismo que le da forma a lo invisible. No se vota por propuestas. Se vota por aquello que ayuda a sobrevivir la incertidumbre.

Por eso hay campañas impecables en los números que fallan en la emoción. Y hay figuras inesperadas que en semanas capturan un deseo colectivo latente y se convierten en destino. No gana el más preparado, gana el que mejor interpreta el clima emocional de su época. Y quien afina el oído para detectar los suspiros y los temblores de un país ya está un paso delante de cualquier encuesta.

* * *

Hablar de una ciencia del voto no significa despojar a la política de su fuerza humana. Significa reconocer que las decisiones colectivas responden a patrones tan profundos como medibles. El dato no reemplaza al corazón, pero puede ayudarlo a orientarse. Si el dato explica, la emoción transforma. Si la mente analiza, el corazón decide. La ciencia del voto no es un mapa que impone un camino, es una brújula para no perderse en el ruido.

* * *

Toda campaña tiene un fin. El día después de la elección, los discursos se terminan, los *hashtags* dejan de usarse, los anuncios desaparecen de los muros. Y sin embargo, algo permanece. Algo que no estaba en el guión ni en el *spot*, algo que no se midió en la última encuesta. Lo único que queda es lo que la gente sintió. Esa emoción, si fue verdadera, no se desvanece, se convierte en recuerdo político, en memoria afectiva.

Las promesas se olvidan rápido. Pero la emoción de haber creído, aunque fuera solo por un momento, sobrevive. Es ese instante íntimo en que alguien pensó: quizá sí es posible. Las campañas ganadas o perdidas son solo capítulos. La historia de una nación se escribe con lo que sus ciudadanos sintieron cuando creyeron que podían ser parte del cambio. Y eso, ninguna derrota lo puede borrar.

* * *

He visto campañas impecables fracasar por una sola palabra mal dicha. He visto *outsiders* convertirse en presidentes porque tocaron la fibra correcta en el momento correcto. He visto estrategas obsesionados con los números perder contra un gesto sincero. Y en todos esos casos, el factor común no fue el presupuesto ni la ideología ni la estructura. Fue la emoción.

El voto no es una hoja con marcas. Es un espejo. Refleja lo que una persona necesita sentir en ese instante histórico: su anhelo, su frustración, su temor, su deseo de empezar de nuevo. Por eso no hay fórmula única ni estrategia infalible. Hay escucha, hay intuición, hay conexión. Y hay, debajo de todo eso, la misma pregunta que este libro intentó responder desde la primera página: ¿qué está sintiendo el electorado que todavía no tiene palabras para decirlo?

Quien aprenda a responder esa pregunta con honestidad y precisión no solo sabrá cómo se gana una elección. Sabrá cómo se mueve el mundo.

—Andrés Elías

Bibliografía

Ariely, D. (2008). *Predictably irrational: The hidden forces that shape our decisions.* HarperCollins.

Barthes, R. (1972). *Mythologies.* Seuil.

Bernays, E. L. (1923). *Crystallizing public opinion.* Boni & Liveright.

Bernays, E. L. (1928). *Propaganda.* Horace Liveright.

Bourdieu, P. (1979). *La distinción: Criterio y bases sociales del gusto.* Taurus.

Christakis, N. A., & Fowler, J. H. (2009). *Connected: The surprising power of our social networks and how they shape our lives.* Little, Brown and Company.

Cialdini, R. B. (2001). *Influence: Science and practice.* Allyn & Bacon.

Damasio, A. (1994). *Descartes' error: Emotion, reason, and the human brain.* Putnam.

Eco, U. (1979). *Lector in fabula: La cooperación interpretativa en el texto narrativo.* Lumen.

Epictetus. (1983). *Enchiridion* (N. White, Trad.). Hackett. (Obra original publicada ca. siglo II d.C.)

Festinger, L. (1957). *A theory of cognitive dissonance.* Stanford University Press.

Freedman, L. (2013). *Strategy: A history.* Oxford University Press.

Freud, S. (1921). *Group psychology and the analysis of the ego.* Hogarth Press.

Haidt, J. (2012). *The righteous mind: Why good people are divided by politics and religion.* Vintage Books.

Han, B.-C. (2014). *Psychopolitik: Neoliberalismus und die neuen Machttechniken.* Matthes & Seitz.

Hoffer, E. (1951). *The true believer: Thoughts on the nature of mass movements.* Harper & Row.

Ingenieros, J. (1913). *El hombre mediocre.* Sopena.

Jowett, G. S., & O'Donnell, V. (1986). *Propaganda and persuasion.* SAGE.

Kahneman, D. (2011). *Thinking, fast and slow.* Farrar, Straus and Giroux.

Laclau, E. (2005). *La razón populista.* Fondo de Cultura Económica.

Lakoff, G. (2004). *Don't think of an elephant!: Know your values and frame the debate.* Chelsea Green Publishing.

Le Bon, G. (1895). *The crowd: A study of the popular mind.* Ernest Benn.

LeDoux, J. (1996). *The emotional brain: The mysterious underpinnings of emotional life.* Simon & Schuster.

Machiavelli, N. (1998). *The prince* (H. Mansfield, Trad.). University of Chicago Press. (Obra original publicada 1532)

Marcus Aurelius. (2002). *Meditations* (G. Hays, Trad.). Modern Library. (Obra original publicada ca. 180 d.C.)

McLuhan, M. (1964). Understanding media: The extensions of man. McGraw-Hill.

Meadows, D. H. (2008). *Thinking in systems: A primer.* Chelsea Green Publishing.

Miller, J. H., & Page, S. E. (2007). *Complex adaptive systems: An introduction to computational models of social life.* Princeton University Press.

Nietzsche, F. (1887). *Zur Genealogie der Moral.* C. G. Naumann.

Ortega y Gasset, J. (1930). *La rebelión de las masas.* Revista de Occidente.

Panksepp, J. (1998). *Affective neuroscience: The foundations of human and animal emotions.* Oxford University Press.

Paxton, R. O. (2004). *The anatomy of fascism.* Knopf.

Pigliucci, M. (2017). *How to be a stoic: Using ancient philosophy to live a modern life*. Basic Books.

Rifkin, J. (2000). *The age of access: The new culture of hypercapitalism*. Penguin Books.

Sartori, G. (1997). *Homo videns: La sociedad teledirigida*. Taurus.

Schopenhauer, A. (1830). *Eristische Dialektik oder die Kunst, Recht zu behalten*. Brockhaus.

Seneca. (1969). *Letters from a stoic* (R. Campbell, Trad.). Penguin Classics. (Obra original publicada ca. 65 d.C.)

Shampanier, K., Mazar, N., & Ariely, D. (2007). *Zero as a special price: The true value of free products*. Marketing Science, 26(6), 742–757. https://doi.org/10.1287/mksc.1060.0254

Sun Tzu. (1910). *The art of war* (L. Giles, Trad.). Luzac & Co. (Obra original publicada ca. siglo V a.C.)

Tadelis, S. (2013). *Game theory: An introduction*. Princeton University Press.

Taleb, N. N. (2007). *The black swan: The impact of the highly improbable*. Random House.

Tetlock, P. E., & Gardner, D. (2015). *Superforecasting: The art and science of prediction*. Crown Publishers.

Watts, D. J. (2003). *Six degrees: The science of a connected age*. W. W. Norton & Company.

Westen, D. (2007). *The political brain: The role of emotion in deciding the fate of the nation*. PublicAffairs.

Zuboff, S. (2019). *The age of surveillance capitalism: The fight for a human future at the new frontier of power*. PublicAffairs.

LA CIENCIA DEL VOTO
Cómo se construye el poder desde la emoción
de Andrés Elías

Se terminó de imprimir en marzo de 2026 en México.
Se hizo un tiraje de 100 ejemplares. Para su diseño se
usaron fuentes de la familia ITC New Baskerviulle St a
11/14 puntos.

El cuidado editorial fue por cuenta del autor.

Diseño editorial, publicación e impresión:
Galaxia Literaria, servicios editoriales
www.galaxialiteraria.com